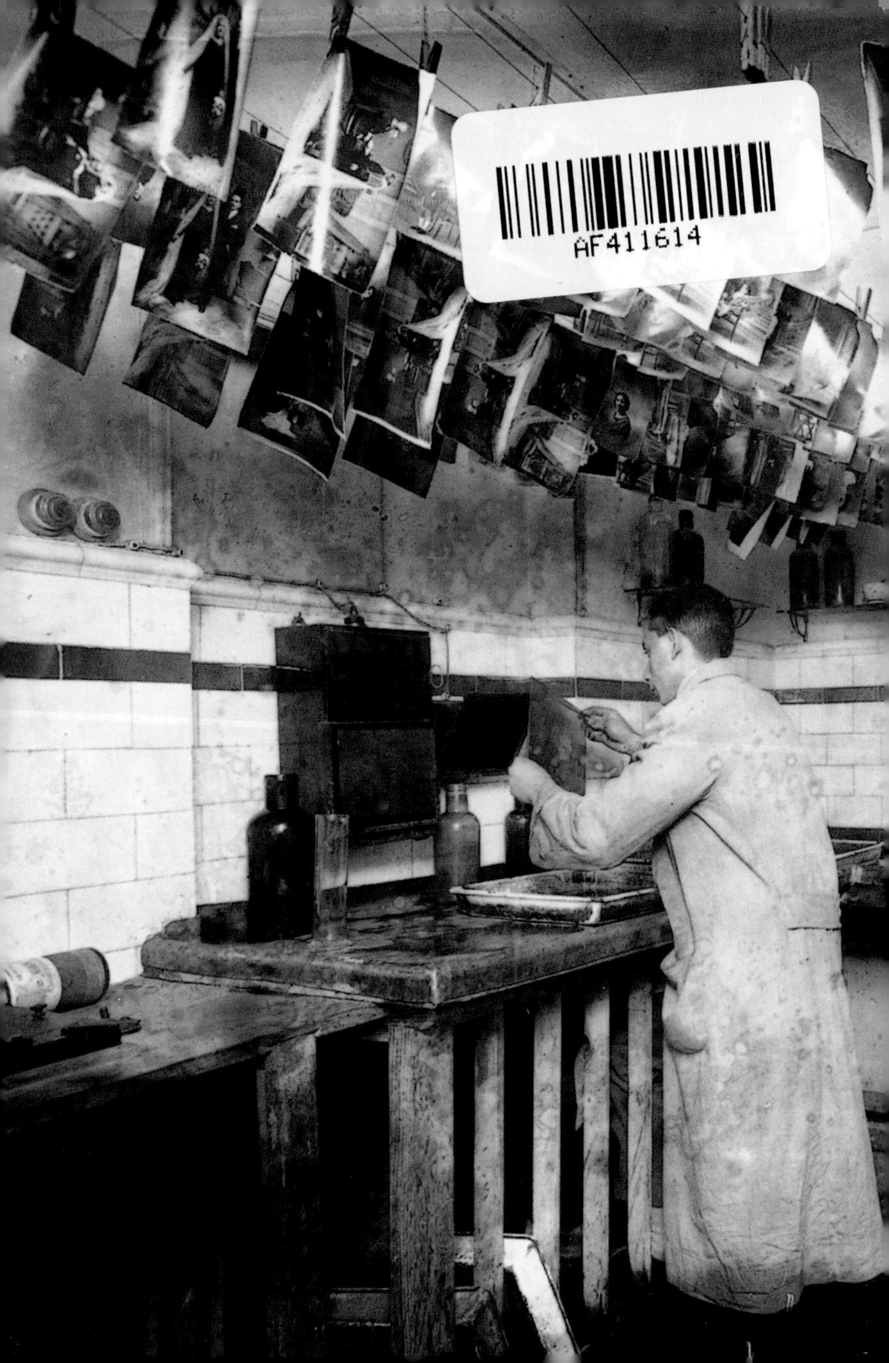
AF411614

Biblioteca PHotoBolsillo

# Alfonso

PHoto**Bolsillo** | LA FABRICA | EDITORIAL

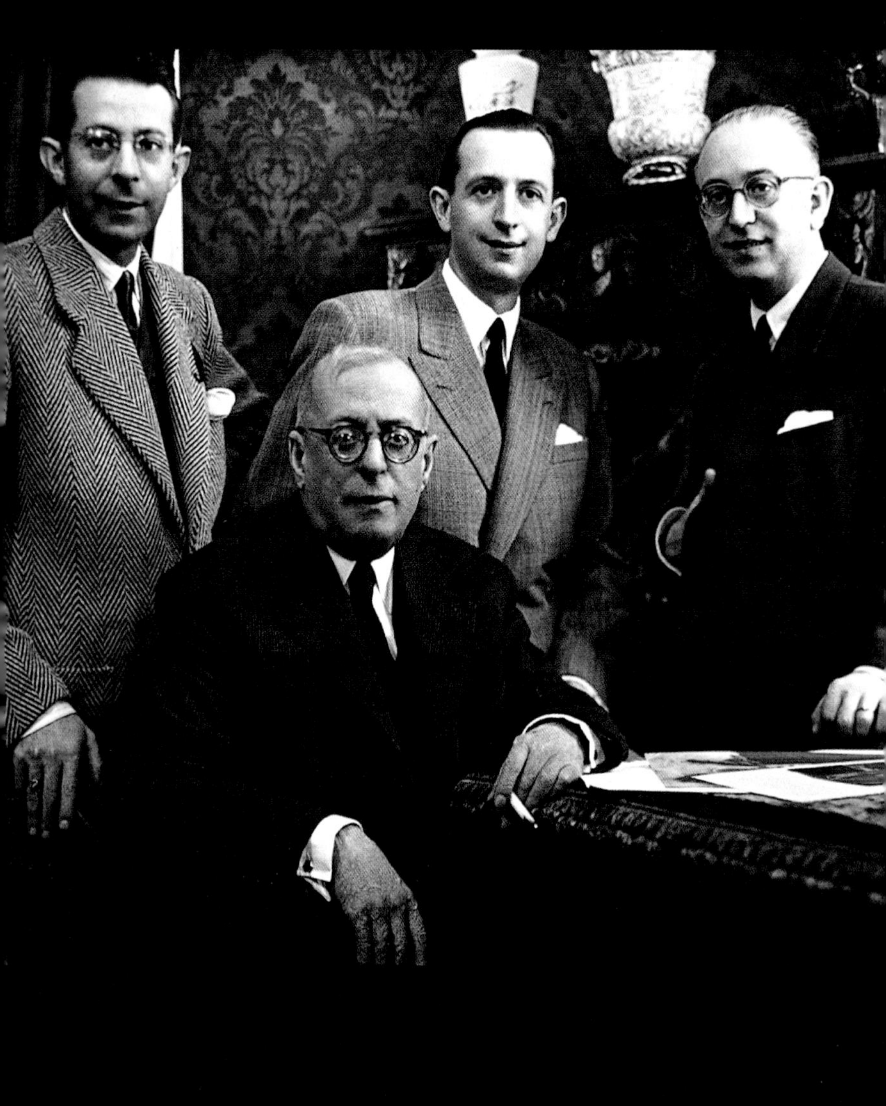

# Alfonso
## El cronista silencioso

Por Lorenzo Silva

Alfonso con sus hijos Luis, Pepe y Alfonsito, marzo de 1951

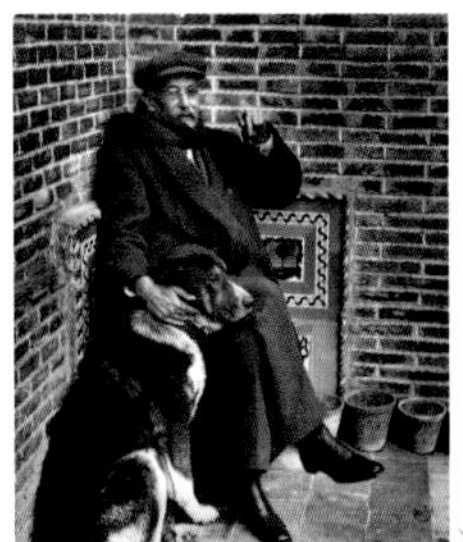

Benito Pérez Galdós. Madrid, 1910

Desde edad temprana, por una mezcla de razones familiares y sentimentales, quien esto escribe se interesó de forma especial por uno de los pasajes más amargos de nuestro terrible siglo XX: la hecatombe que allá por el verano de 1921 sufrió el ejército español en la zona de Melilla, una derrota de trazos apocalípticos que la Historia recordaría como el Desastre de Annual y que en unos pocos días costó la vida de alrededor de nueve mil compatriotas. Yo devoraba cada libro que sobre el asunto caía en mis manos, y a fuerza de leer e imaginar, surgió en mí la necesidad de ver. Un día, al fin, encontré unas fotografías: mostraban el dantesco espectáculo del recinto del campamento de Monte Arruit, sembrado de cadáveres pudriéndose al sol. Fueron las primeras imágenes de Alfonso que recuerdo haber visto, sin saber entonces que eran suyas, y ya en ellas pude apreciar lo que después, a lo largo de los años, comprobaría una y otra vez: que alguien con una sensibilidad, una lucidez y una perspicacia excepcionales había estado allí. En su mirada, que era una crónica silenciosa de los hechos, había conseguido plasmar la áspera esencia de la historia y el alma de sus protagonistas. Sin una palabra, lo contaba todo. Porque narrar no es sólo evocar o pasar el tiempo: es proyectar lo narrado al presente, y aun al futuro, en la mente de quien escucha el relato. Desde entonces, volví a escuchar con gozosa frecuencia el elocuente silencio de Alfonso.

Descubrí, así, que aquel hombre no sólo había estado en Marruecos en aquella infausta ocasión de 1921; ya había pasado antes por allí con motivo de otro descalabro (en los que tan fecunda resulta la historia del solar ibérico y de sus naturales): el acaecido en 1909 en el Barranco del Lobo. Pero es que también había registrado la huelga general revolucionaria de 1917, el advenimiento de la República, el alzamiento de los militares en 1936, la rendición de Madrid en 1939 e incluso la soberbia del Caudillo en la cúspide de su poder. Su cámara había servido, además, para inmortalizar la efigie de reyes, reinas, emperatrices, políticos gobernantes y opositores, artistas, literatos, presidiarios, verdugos y gentes del pueblo llano en toda su variopinta extensión. Aquel hombre, que parecía estar por doquier, era el gran artífice de la memoria visual de esa época por desgracia tan *interesante*, la primera mitad del siglo XX español. Una porción enorme, inmensa, de

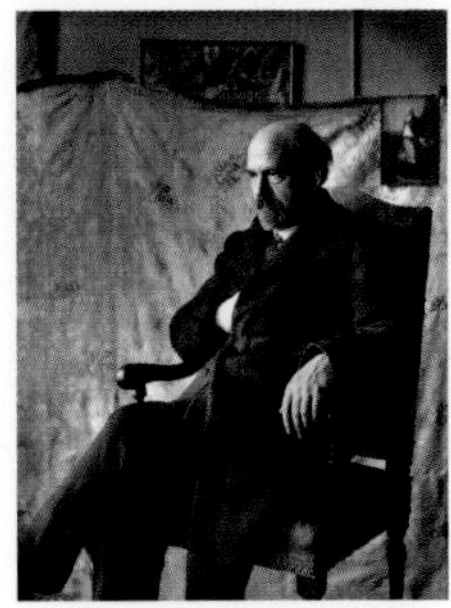

Pío Baroja, 1918

lo que de esos años podíamos ver quienes entonces aún estábamos por nacer, había pasado antes por las placas de cristal o el celuloide de sus negativos.

Me parece que es más pertinente dirigir estas líneas por esa senda, la de la deuda personal (compartida, lo sepan o no, por muchos compatriotas), antes que cometer la imprudencia de deslizarme hacia un terreno en el que soy profano, el de los estudiosos de la fotografía, que ya ha sido hollado por gentes de autoridad acreditada, a quienes a efectos técnicos me remito. Sirva como referencia obligada el trabajo de Publio López Mondéjar (*Alfonso,* Lunwerg, Madrid, 2002), que apreciarán los interesados en completar su información al respecto.

Pero un prologuista debe cumplir la función de dar una mínima noticia de la materia prologada. Y solo con esa mira, corresponde decir, a quien no lo sepa, que bajo el nombre de Alfonso nos referimos en realidad al trabajo fotográfico de varias personas. Sobre todo, es cierto, al del fundador del estudio que llevaría ese nombre, Alfonso Sánchez García, nacido en 1880 en Ciudad Real, formado como aprendiz y auxiliar en diversos estudios fotográficos de la capital madrileña entre los últimos años del siglo XIX y principios del XX, y curtido como

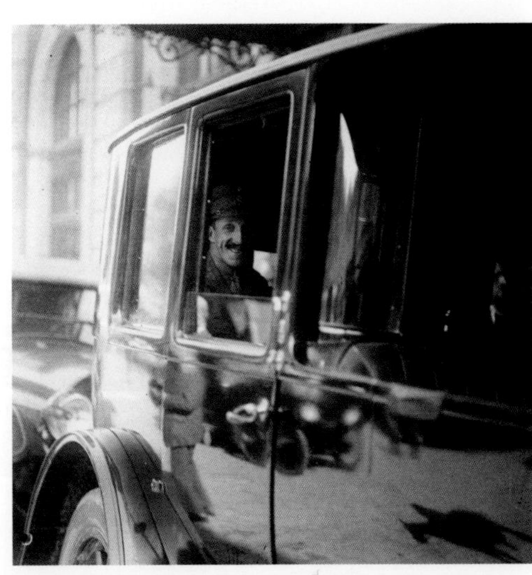

Alfonso XIII. Madrid, 1923

reportero de los periódicos y semanarios gráficos que florecieron al tiempo que agonizaba el régimen de la Restauración. Él fue el iniciador y quien marcaría el rumbo y el estilo de la factoría, pero justicia obliga a consignar que, para alumbrar el gigantesco fondo que nos ha legado, contó con el concurso de no pocos ayudantes. Ahí estuvieron sus hijos, en especial Alfonso Sánchez Portela (o *Alfonsito*), responsable directo, entre otros, de reportajes tan sobresalientes como el de la visita al caudillo rifeño Abd el-Krim y a los militares españoles que éste mantenía prisioneros tras el desastre del 21 en los campos de internamiento de Axdir. Tampoco debe olvidarse a sus auxiliares (en los buenos tiempos, el estudio de Alfonso empleaba a no menos de veinte personas), entre los que destaca Domingo González del Río, verdadero factótum y muñidor en la sombra de algunos de sus trabajos más célebres: era él quien se ocupaba a menudo de abrir las puertas que estaban cerradas, como cuando se trataba de entrar en una prisión o de acceder a cualquier otro espacio restringido donde en ese momento estaba la noticia.

En cualquier caso, actuando individual o colectivamente, a Alfonso lo distinguieron su ubicuidad y su versatilidad. No sólo estaba en todas partes, sino que él y sus colaboradores supieron ser muchas clases de fotógrafo y alcanzar la excelencia en cada una de esas modalidades. En su obra se cuentan experimentos inscritos en tendencias fotográficas luego pasadas de moda (desde los *collages* y alegorías hasta el pictorialismo), y por supuesto los tres formatos clásicos: retrato, paisaje y reportaje.

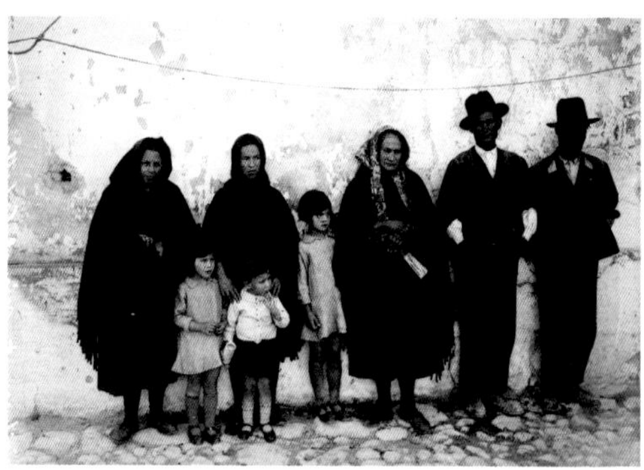

Puebla de don Fadrique, 1932

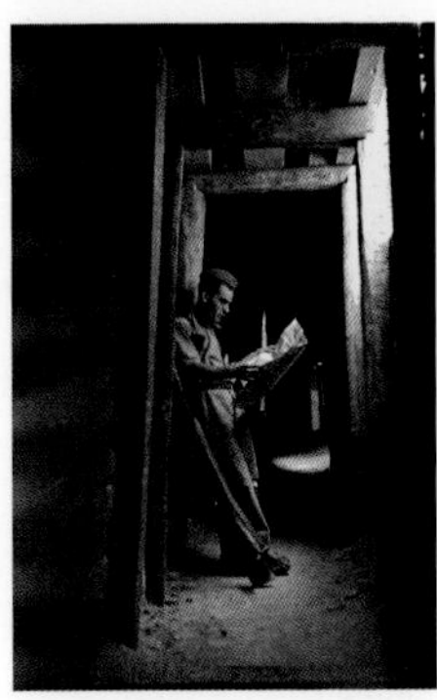

Madrid, 1938

Como retratista, Alfonso nos ha dejado la galería más completa e impresionante de figuras de la reciente historia española. Bien puede decirse que no falta ninguna, y también que de muchas de ellas nuestra memoria fisonómica se cifra casi exclusivamente en su trabajo. Incluso ha sido la base para la estatua oficial del personaje (como en el caso de Valle-Inclán). Y en aquellos casos en que no es el único, tiende inexorablemente a ser el mejor: véanse sus retratos de Machado, de Ramón y Cajal en la lección de anatomía, de la reina Victoria Eugenia junto a la anciana emperatriz Eugenia de Montijo o de Franco en el suntuoso reportaje publicado en *ABC* en 1949 con motivo de la celebración del décimo aniversario de su omnímodo «reinado».

Como paisajista, Alfonso es la aportación medular a la memoria gráfica de la ciudad en la que trabajó durante toda su vida: Madrid. Gracias a sus fotografías podemos recorrer la transformación de la ciudad inerte y harapienta en la capital orgullosa y heroica, y luego otra vez vencida, que el transcurso de esos primeros decenios del siglo XX fue sucesivamente haciendo de ella. Gracias a él tenemos testimonio cumplido y puntual de sus ensanches y reformas, y también vestigio de lo que ya dejó de ser, amén de la huella de lo mucho que aconteció en sus calles al tiempo que iban adquiriendo otro rostro.

Como reportero, en fin, distinguió a Alfonso el verdadero olfato, no sólo para toparse con la noticia, sino también para acertar a sintetizarla en imágenes trascendentes, hondas y perdurables. Los ejemplos son tantos que resultaría fatigoso enumerarlos en detalle. He ahí sus imágenes de los desastres marroquíes, que muestran toda la barbarie de la guerra, y todo el desamparo de quienes en ella contendieron y cayeron (como esa del espigado oficial ojeando en indolente actitud los desvencijados cadáveres de los soldados muertos, con el fondo del crepúsculo tras los expugnados muros de Monte Arruit). O he ahí, años después, esa inigualable fotografía de un demudado Julián Besteiro anunciando bajo la precaria luz de un flexo la rendición de Madrid a través de las ondas radiofónicas. Entre medias, otras muchas: las carreras de los huelguistas en 1917, aquel consejo de orondos ministros presidido por Alfonso XIII (poco antes de que empezara a venirse abajo el tinglado que le había permitido mantenerse en el trono pese a su esca-

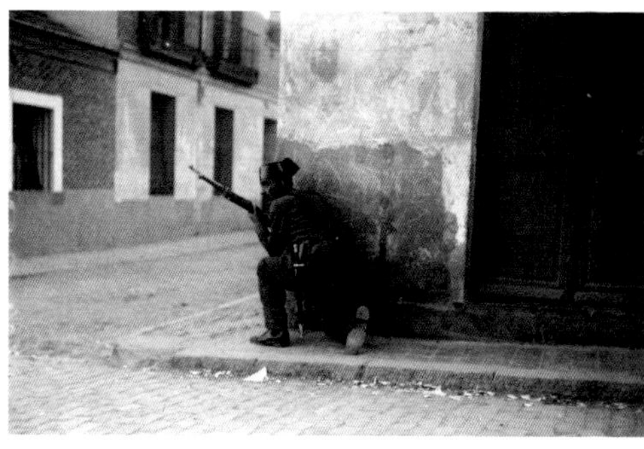

so instinto político), la euforia popular en Madrid el 14 de abril de 1931 (y el Consejo de Ministros, tan distinto, del Gobierno provisional republicano), los mítines y las sesiones de las Cortes, la caída del Cuartel de la Montaña, etcétera. Pero si sorprende la capacidad de fijar y convertir en metáfora visual perfecta todos y cada uno de estos instantes y episodios, tan numerosos, no asombra menos su facilidad para ofrecernos imágenes que bien resumen, por sí solas, el alma entera del tiempo y el país en que al artista le fue dado vivir. A ese respecto, quizá valen más las instantáneas de los personajes anónimos. Como la pavera en las calles de Madrid o el guardia civil apostado tras una esquina solitaria con el fusil prevenido y rodilla en tierra. Imágenes que resumen de un golpe lo que fuimos y lo que ahí dentro seguimos siendo, tanto más persistente e irreparable cuanto más lleguemos a olvidarlo.

Todos los fotógrafos, y en especial los que, como Alfonso, jugaron principalmente con los matices del blanco y el negro que dominaron la época primera (y acaso de oro) de la fotografía, son artistas de la luz y de las sombras. En las fotografías que contiene este libro podrá el lector apreciar la búsqueda y el hallazgo de ese contraste óptimo, emocionante o perturbador. Puede disfrutarlo sin más con los ojos y con las vibraciones más elementales de la percepción y del espíritu. Otros, con más fundamento y preparación, ponderarán los logros técnicos y artísticos de los *Alfonsos* como cazadores y recolectores de la impresión luminosa. Desde la limitación del profano, hay que admitir la fascinación por la elegancia, por la nitidez siempre que es posible y la ambigüedad allí donde, excepcionalmente, resulta precisa.

Ante todo, sin embargo, quisiera dejar aquí constancia del reconocimiento al fotógrafo por habernos sabido contar como lo hizo lo que pasaba ante sus ojos. Por permitirnos ver la trastienda de las personas (notorias o no) y el trasfondo de los hechos (felices, los menos, y deplorables, los más). Es en esta cualidad como Alfonso acierta a convertirse en un artista universal, uno de esos privilegiados que son capaces de conmover a todos, sin exigir carné de pertenencia a ningún club, social, político, intelectual o estético. Es eso lo que le convierte en un clásico, categoría sólo accesible, en fin de cuentas, a quienes son capaces de hablar con su arte al oído de cualquiera y de hacerse entender incluso por quienes aprendieron a leer la realidad bajo otros códigos y en circunstancias diversas de las del artista.

No sobra apuntar que a quien tal consiguió, el desagradecido país en que vivía le hizo sufrir duro castigo por ello. Ya en sus primeros tiempos, bajo la Restauración, a Alfonso padre lo procesaron por fotografiar lo que a juicio de algunos no debía verse. Y tras la guerra civil, por haber permanecido en el campo de los derrotados y haberse empleado en dejar testimonio de ello, fue condenado al ostracismo (junto a sus hijos) al retirárseles el permiso administrativo para ejercer el periodismo gráfico. En esa nueva España debía bastar con la información contenida en la «orden del día» que expedía el jefe del cuartel. Después se suavizaría el correctivo, y hasta se le abrirían al patriarca, poco antes de su muerte, las puertas del palacio del dictador para que hiciera el que sería uno de sus últimos trabajos. Hasta en esa coyuntura cumplió como artista y cronista, dejando unas imágenes que dicen más que toda la vana palabrería a la sazón contenida en los periódicos. Luego el estudio Alfonso completó su decadencia, dedicándose a la fotografía de bodas y otros empeños de menor cuantía. No importa. Como atestiguan estas páginas, quienes con su trabajo lo construyeron ya habían sentado plaza en la memoria y sacado su billete hacia el porvenir.

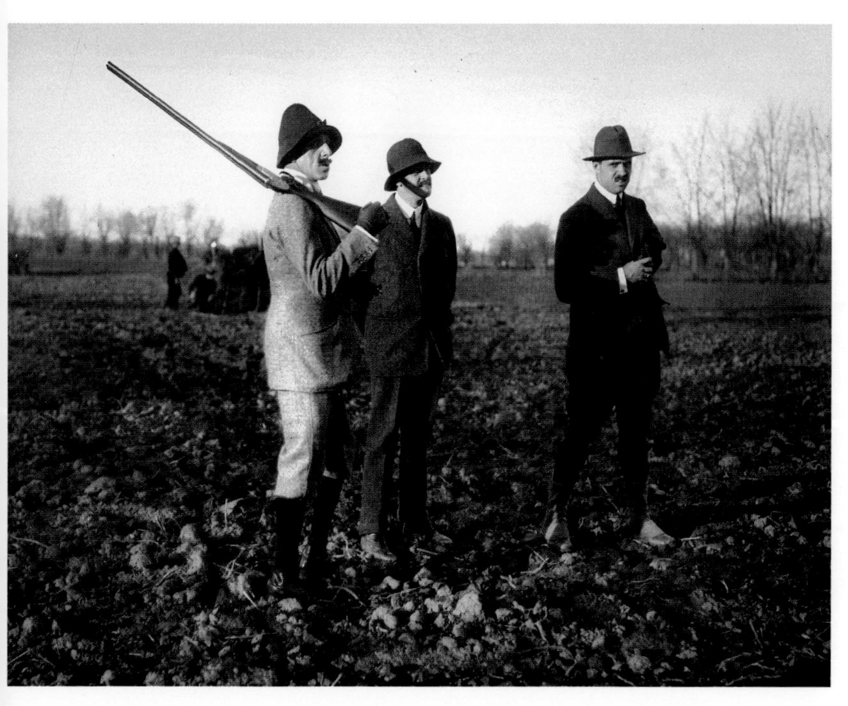

01.  El rey Alfonso XIII en el Coto de Aldovea, 1920. A.G.A.

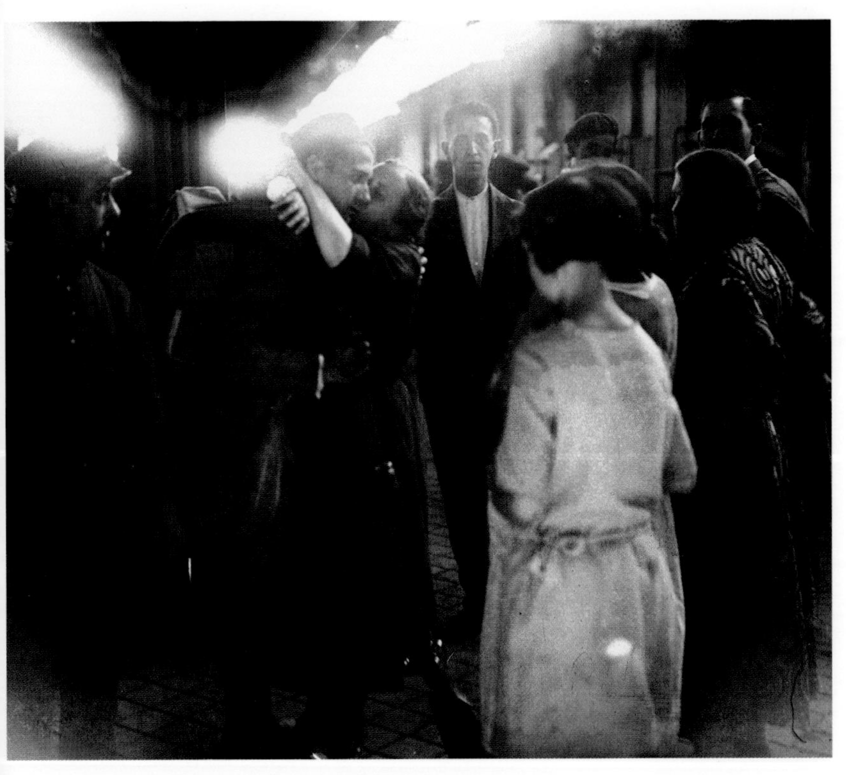

02.  El regimiento Asturias parte hacia África, 17 de agosto de 1924. A.G.A.

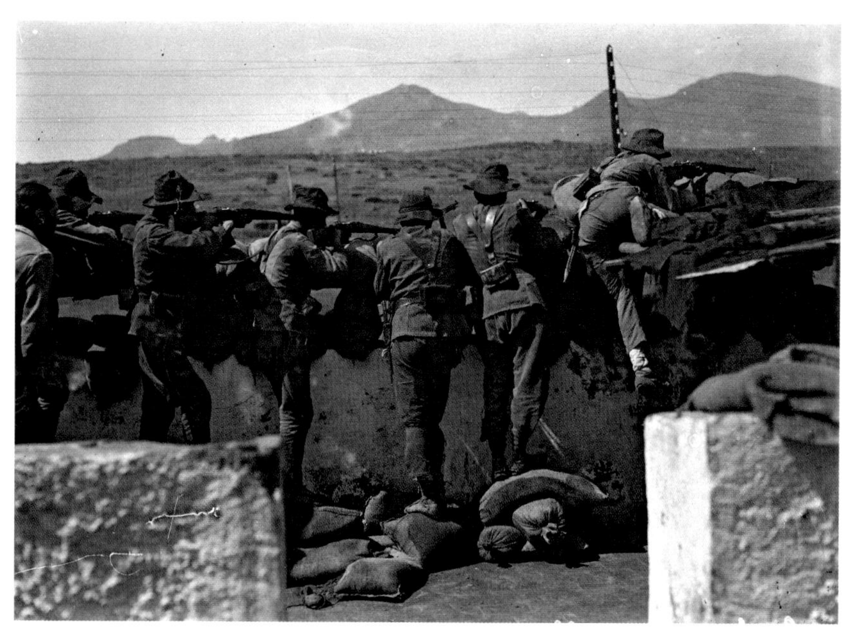

03. Disparan desde un blocao, septiembre de 1921. A.G.A.

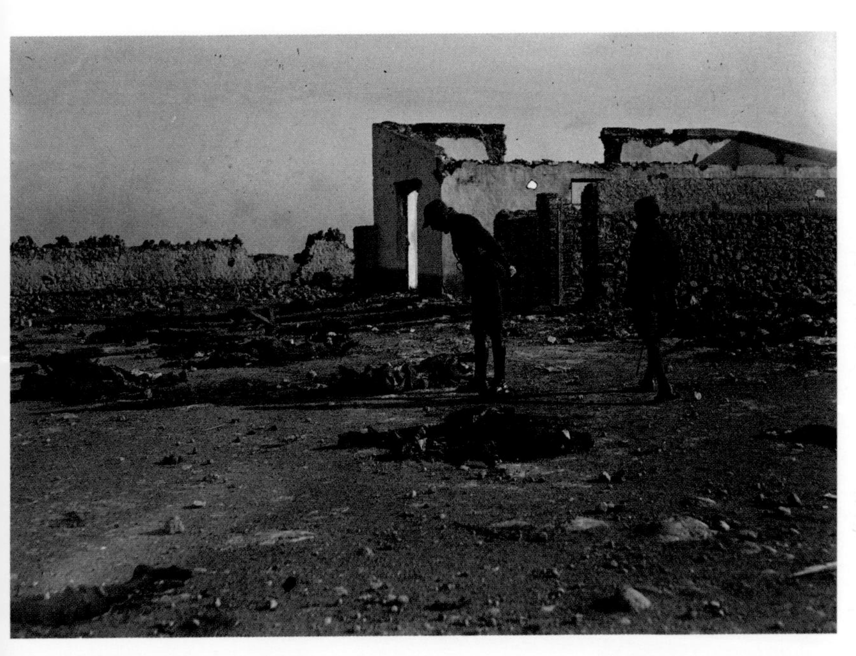

04.  Cadáveres en Monte Arruit, 24 de octubre de 1921. A.G.A.

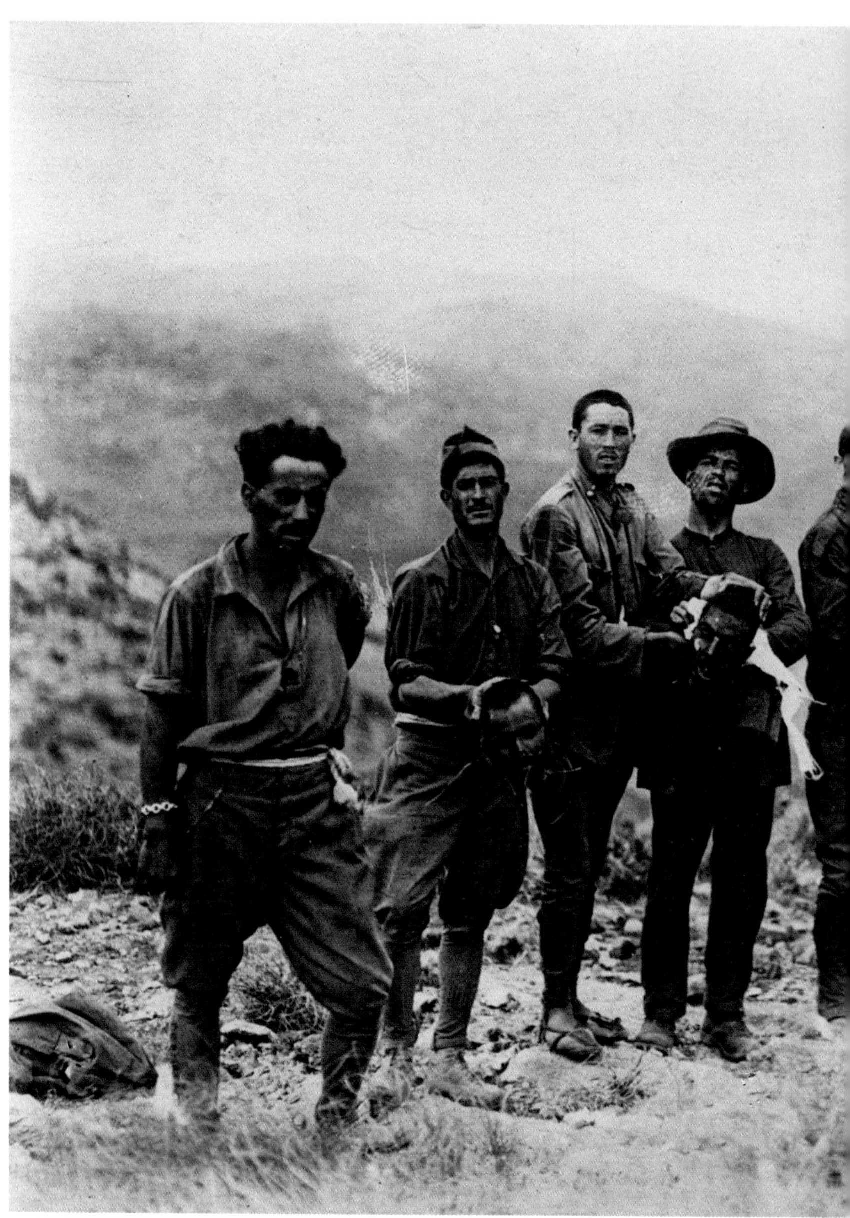

05. Marruecos, 1921. A.G.A.

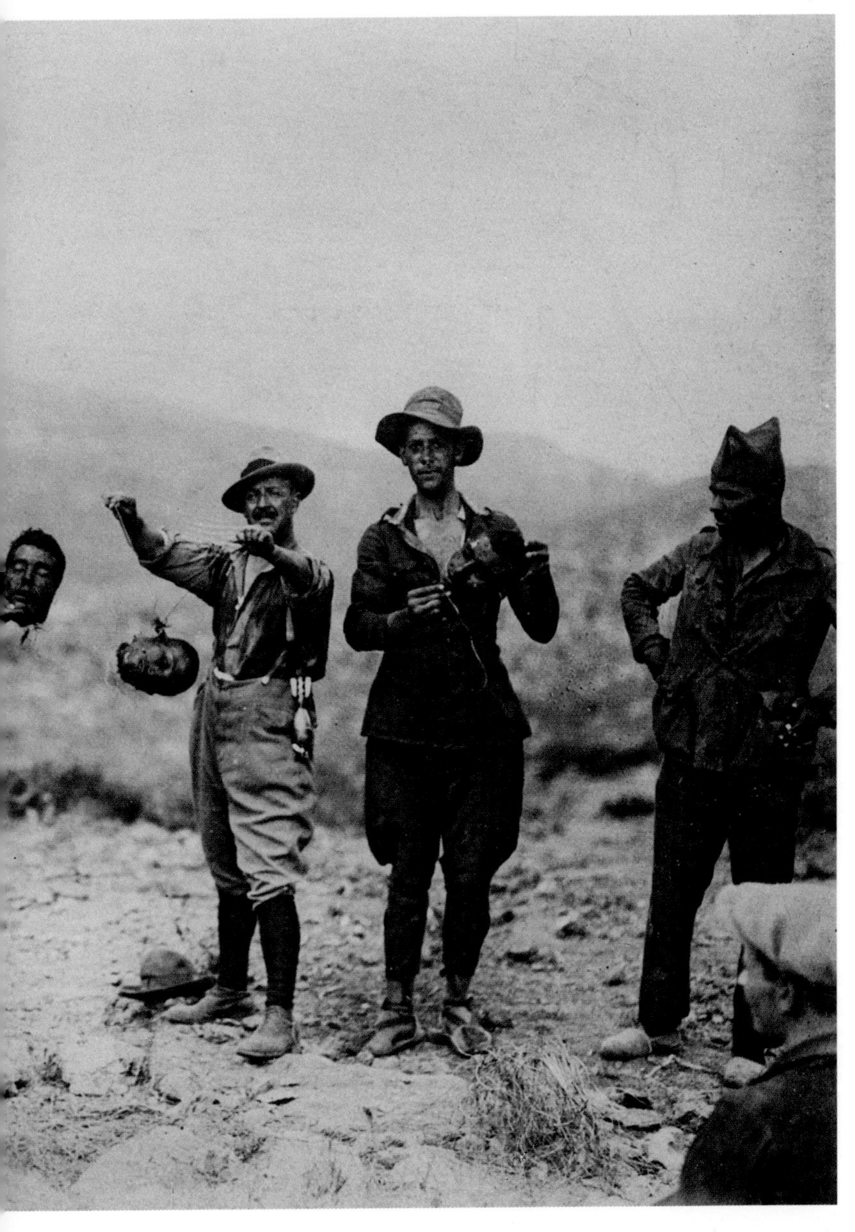

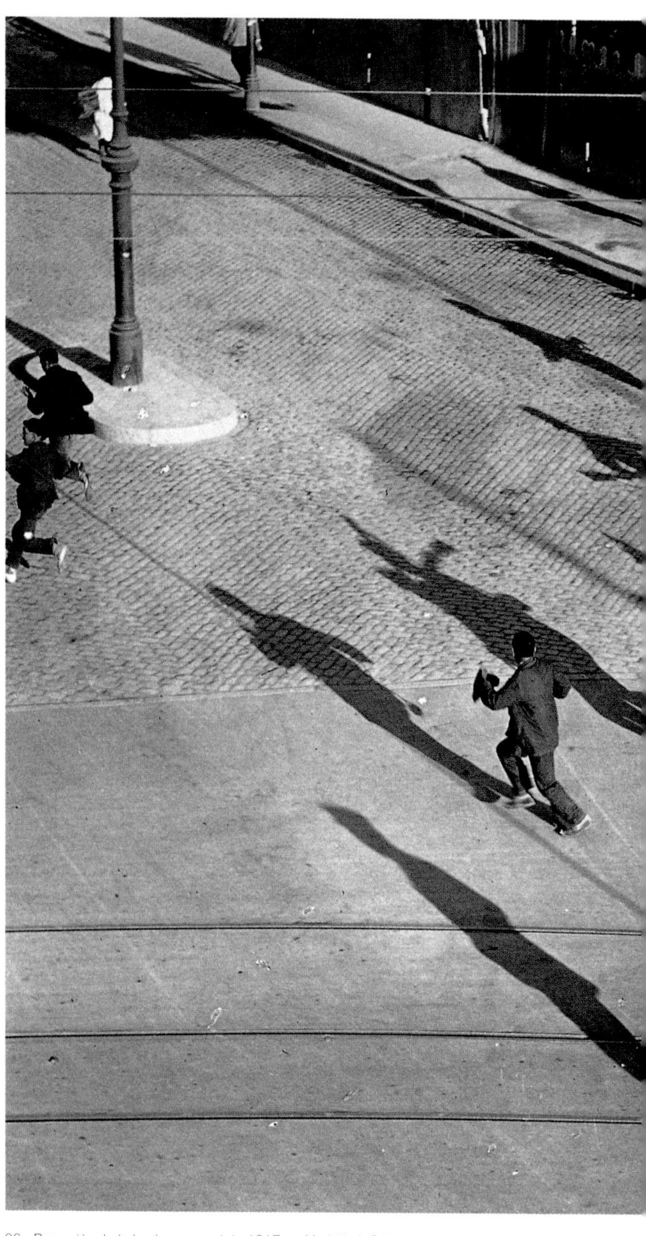

06. Represión de la huelga general de 1917 en Madrid. A.G.A.

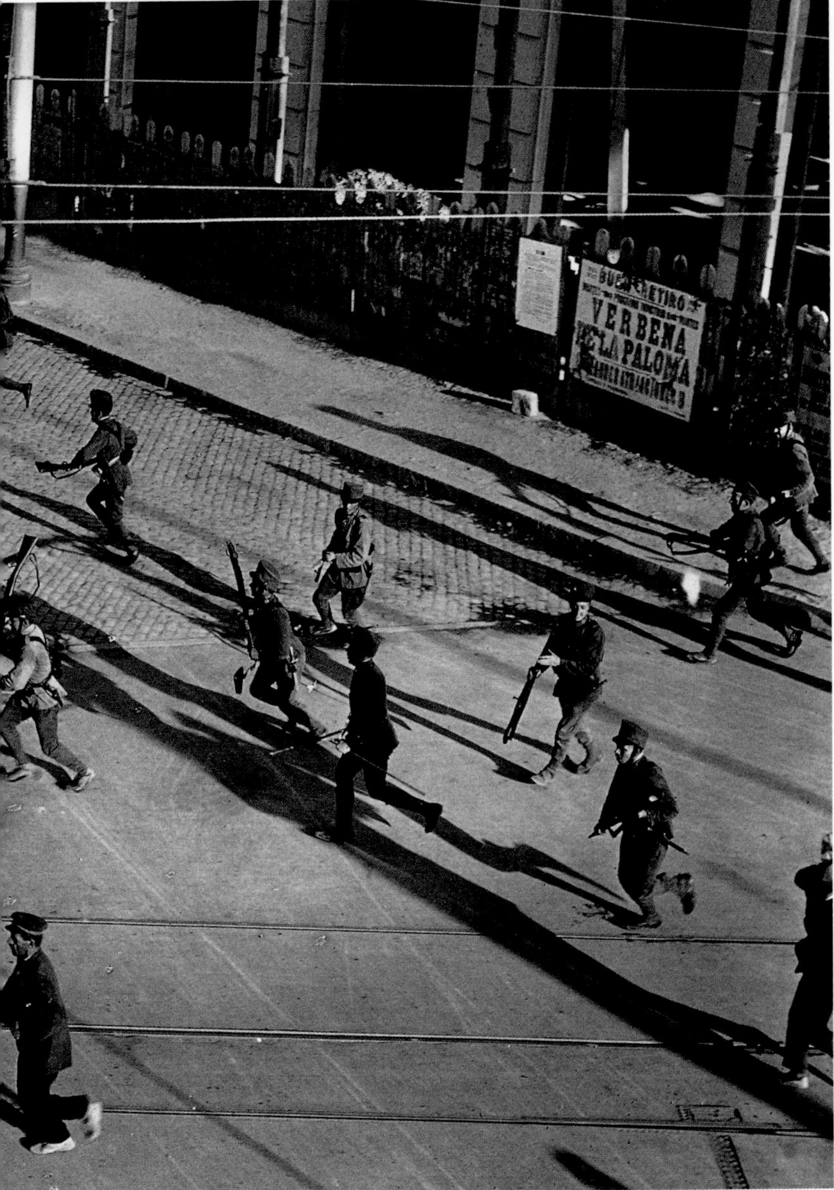
BUEN RETIRO
VERBENA
DE LA PALOMA

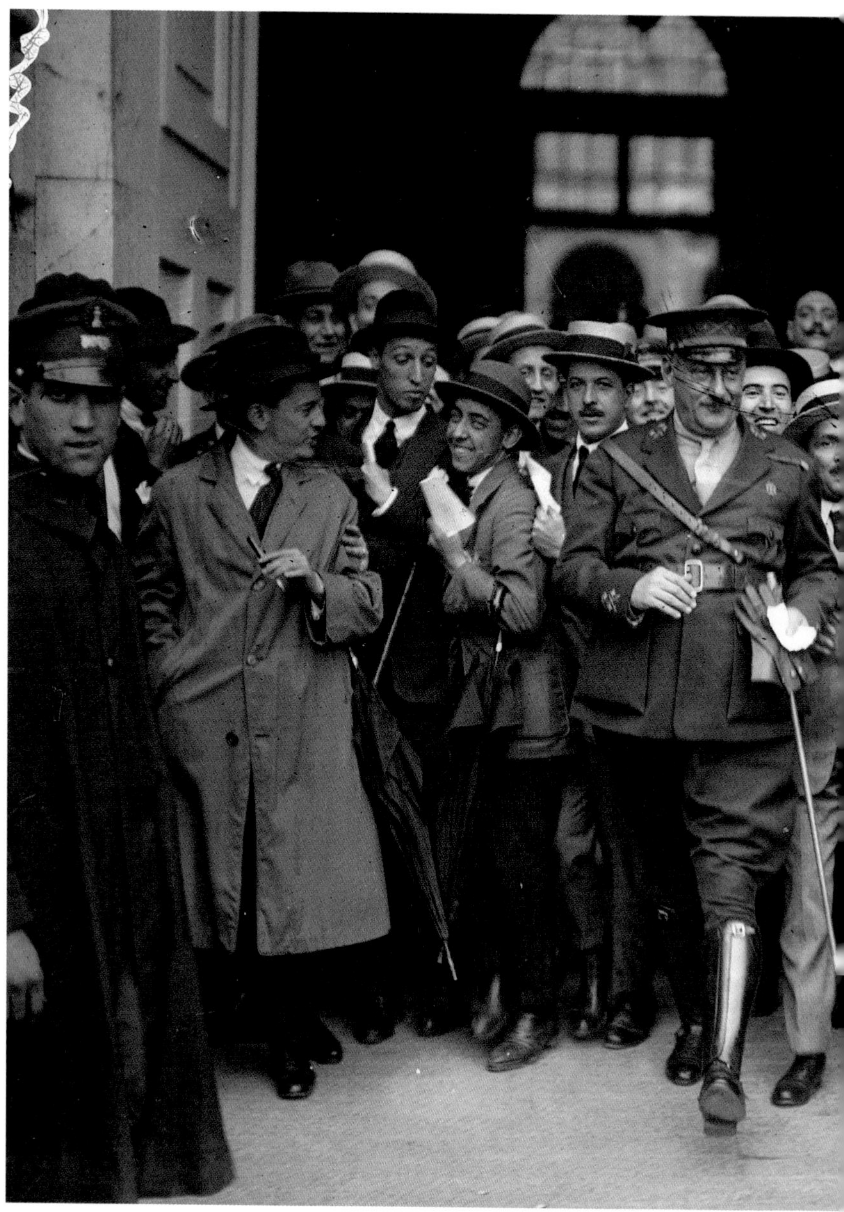

07. Primo de Rivera con periodistas, hacia 1924. A.G.A.

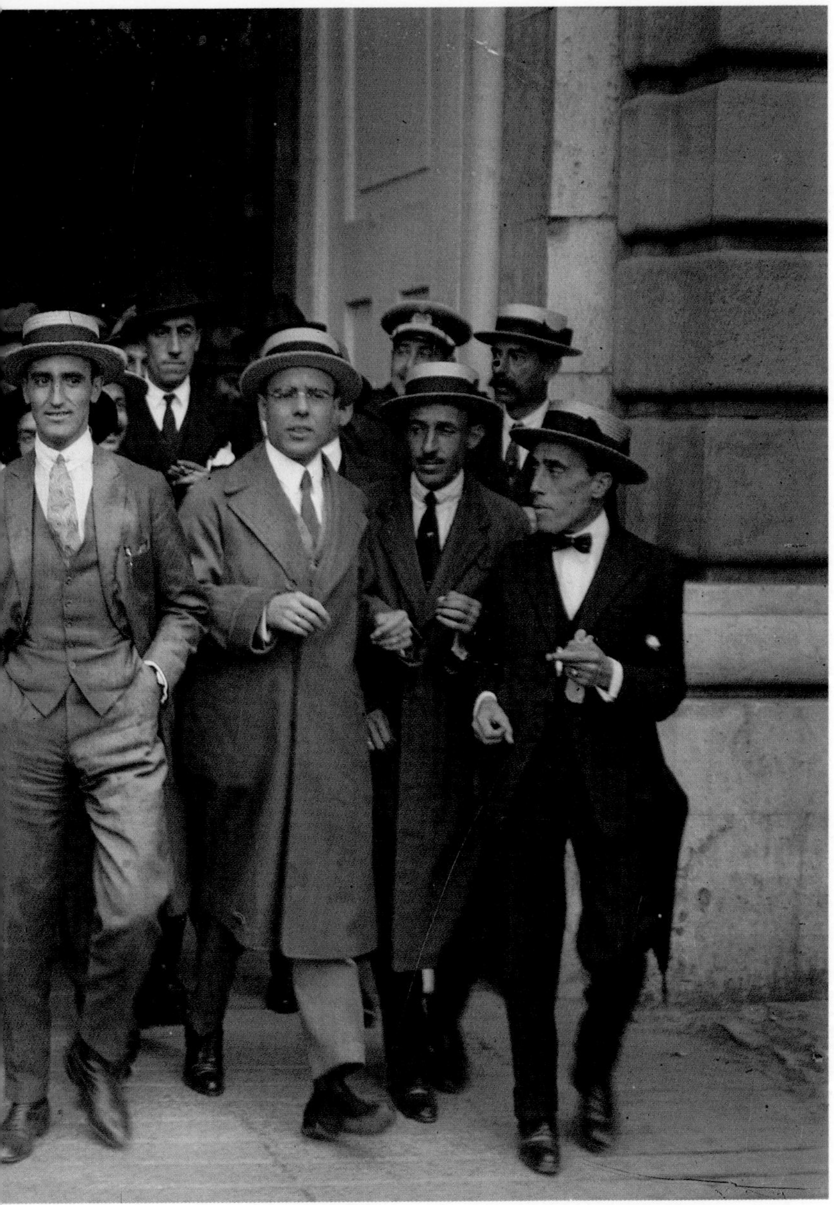

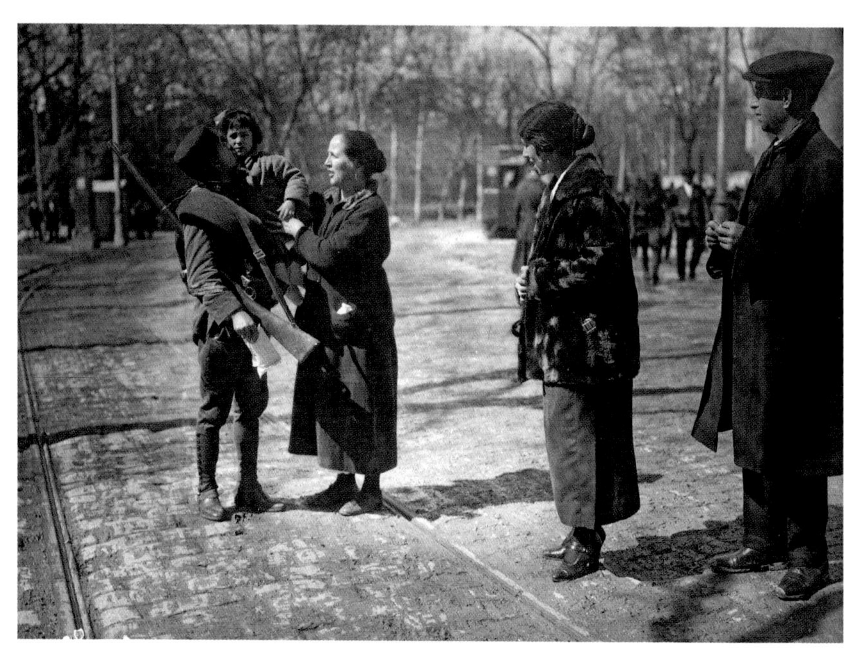

08. Regreso de África del regimiento del Rey, 1925. A.G.A.

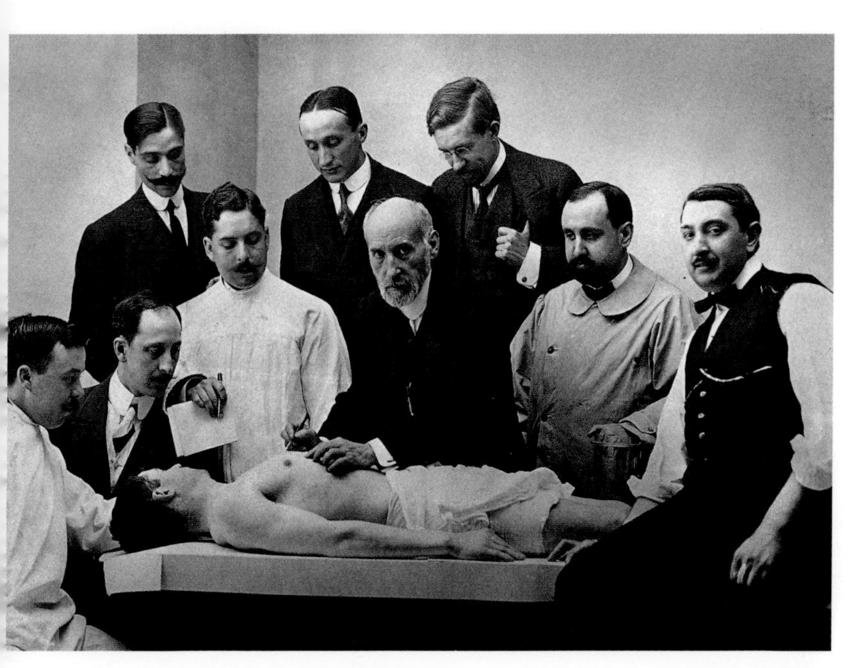

09. Clase de disección de Ramón y Cajal, 1915. A.G.A.

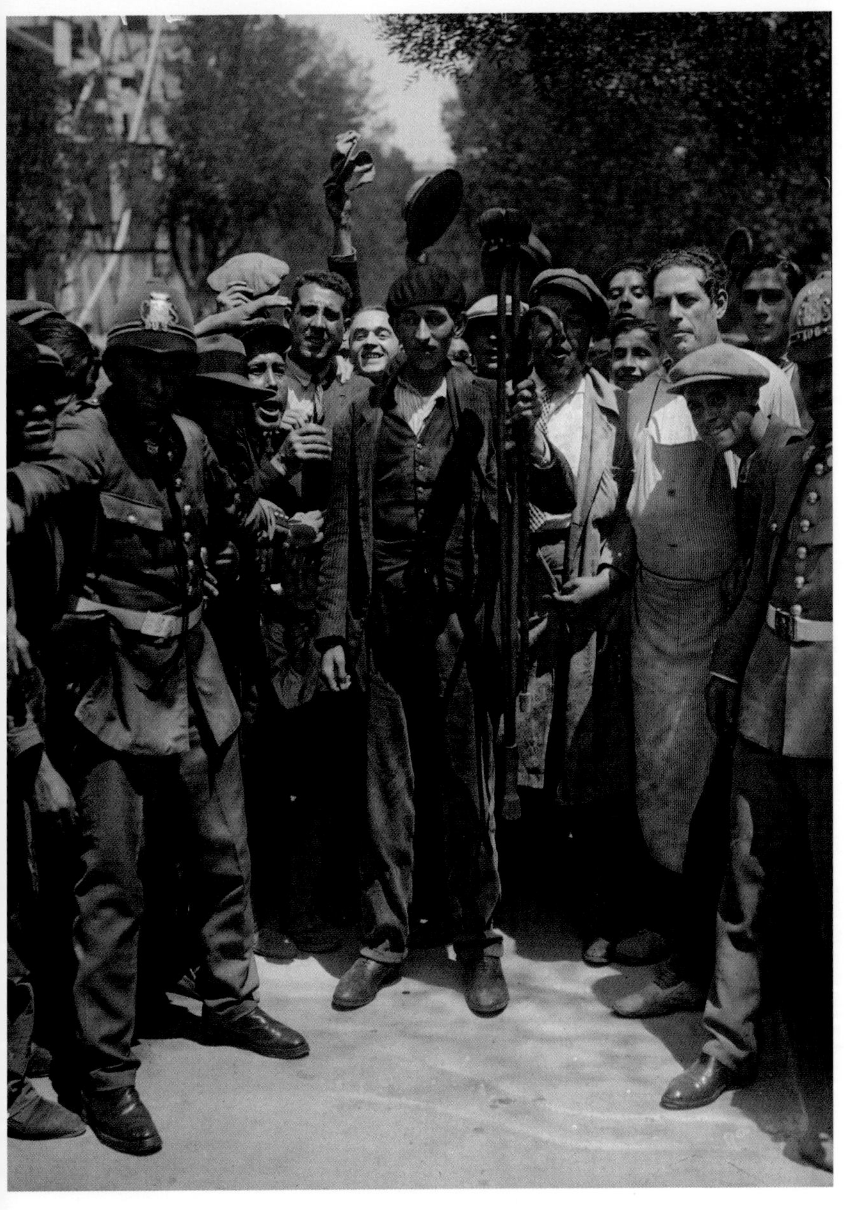

10. El albañil segoviano Olalla Moreno abandona sus muletas al salir de la consulta de Asuero. A.G.A.

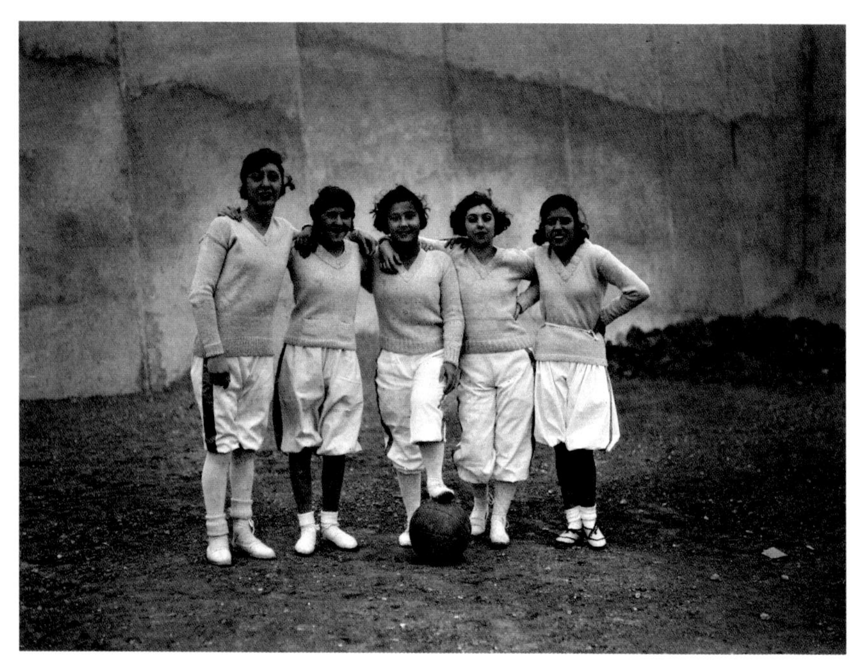

11. Madrid, 1934. A.G.A.

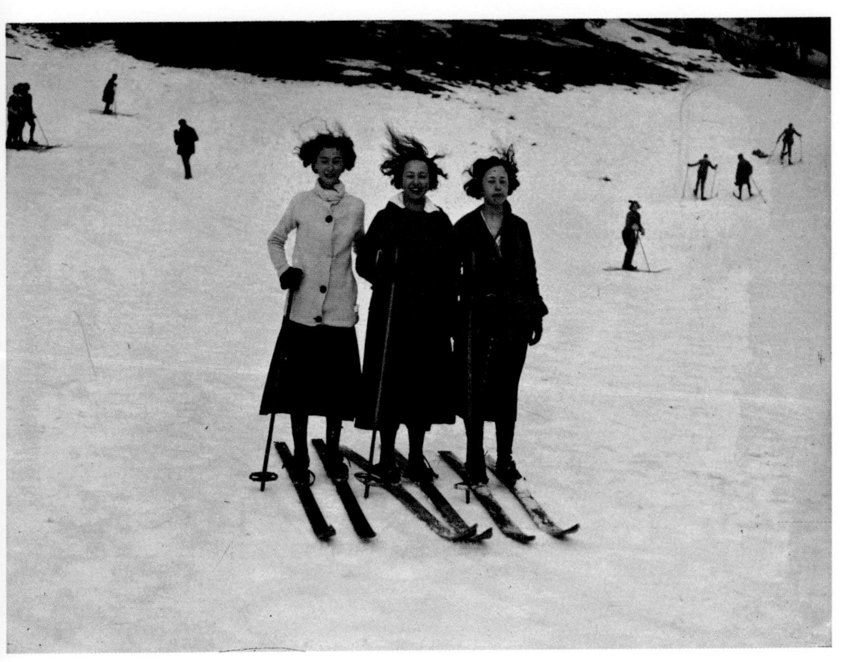

12. Esquiadoras en la sierra de Madrid, 1933. A.G.A.

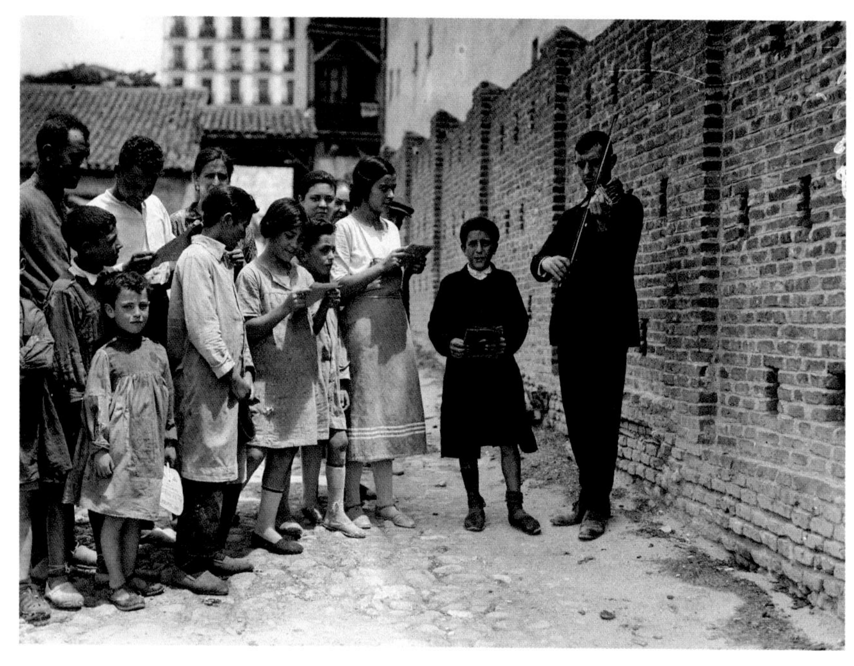

13. Coro en las Vistillas. A.G.A.

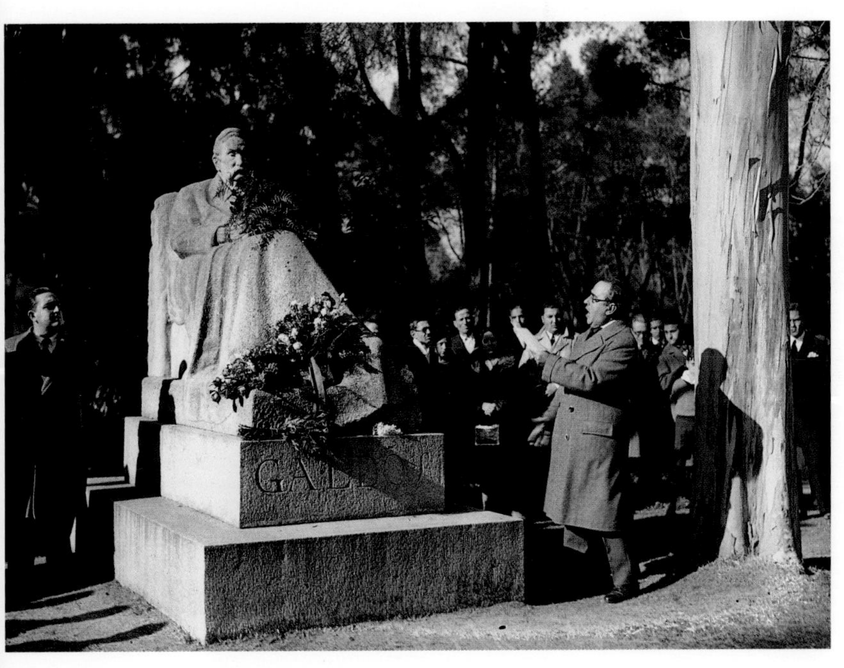

14. Homenaje a Benito Pérez Galdós. Parque del Retiro, 1933. A.G.A.

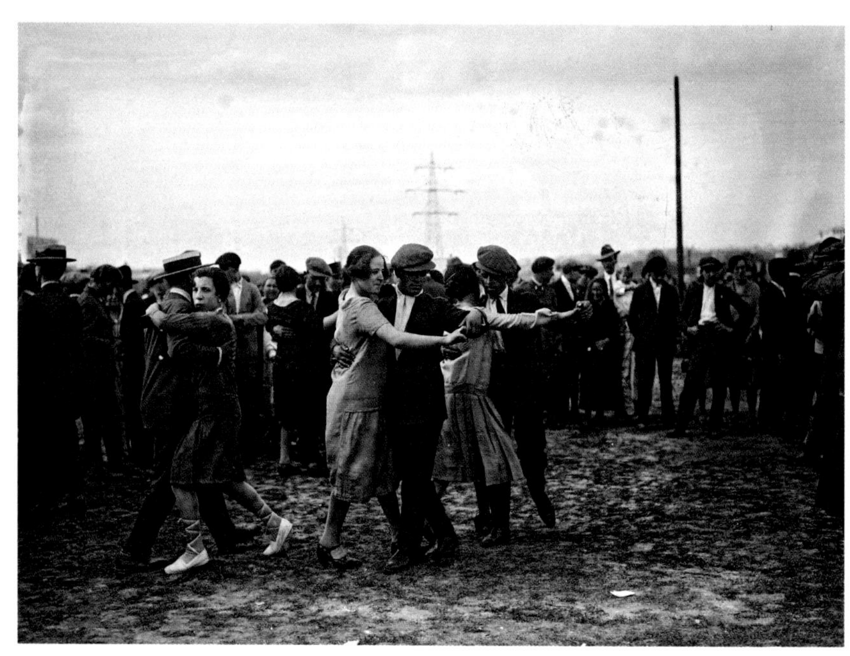

15. Fiesta popular, 1932. A.G.A.

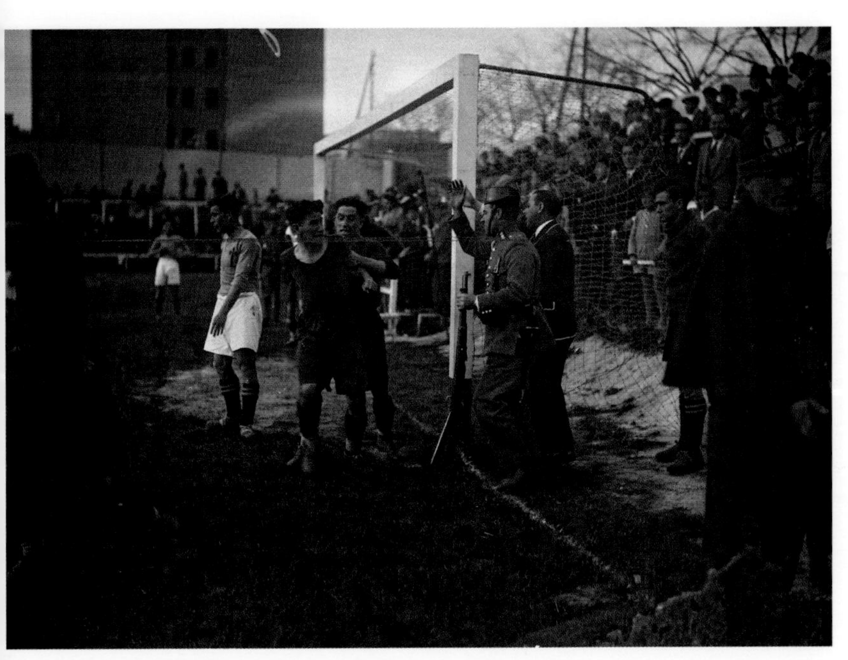

16. Partido de fútbol entre el Celta y el Baracaldo, 1931. A.G.A.

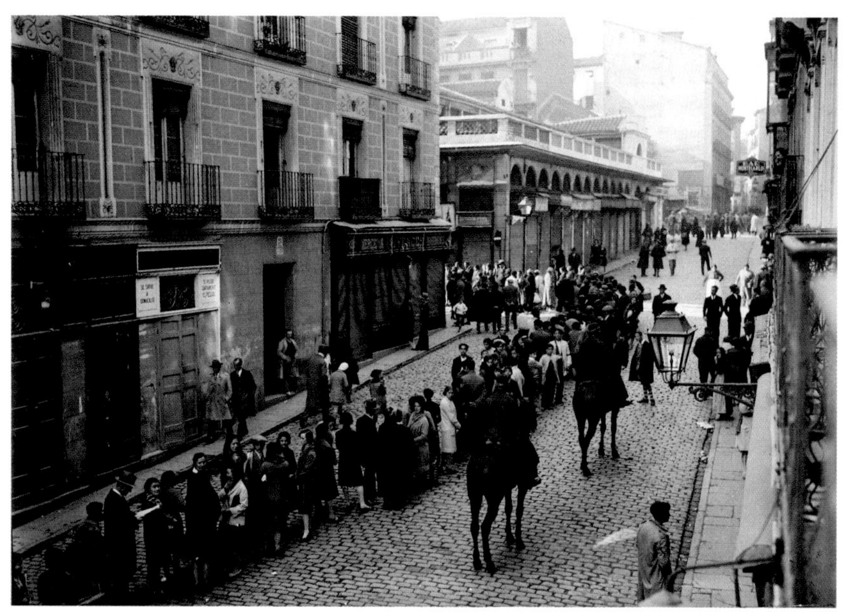

17. Huelga general del 16 de noviembre de 1930. A.G.A.

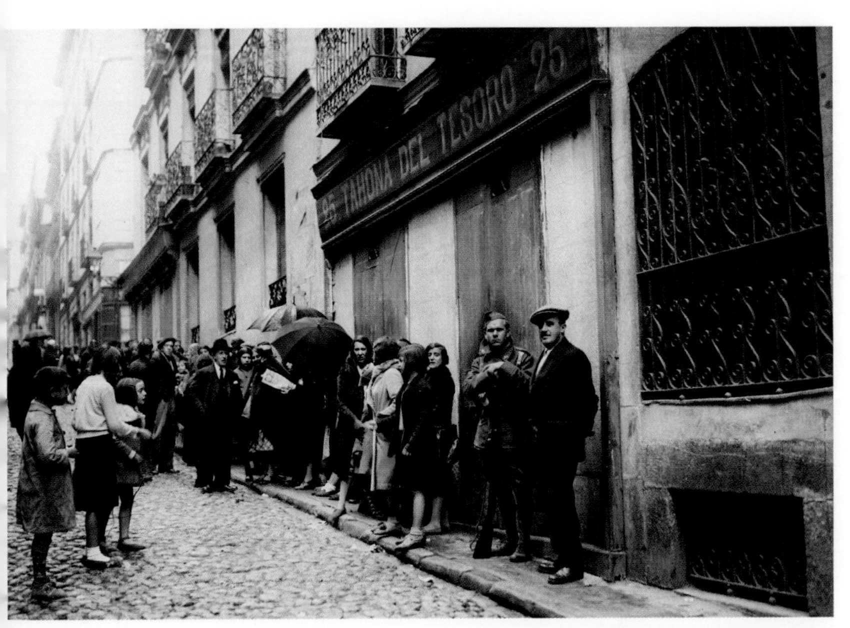


18.  Cola para comprar pan el día de la huelga general de 1930. A.G.A.

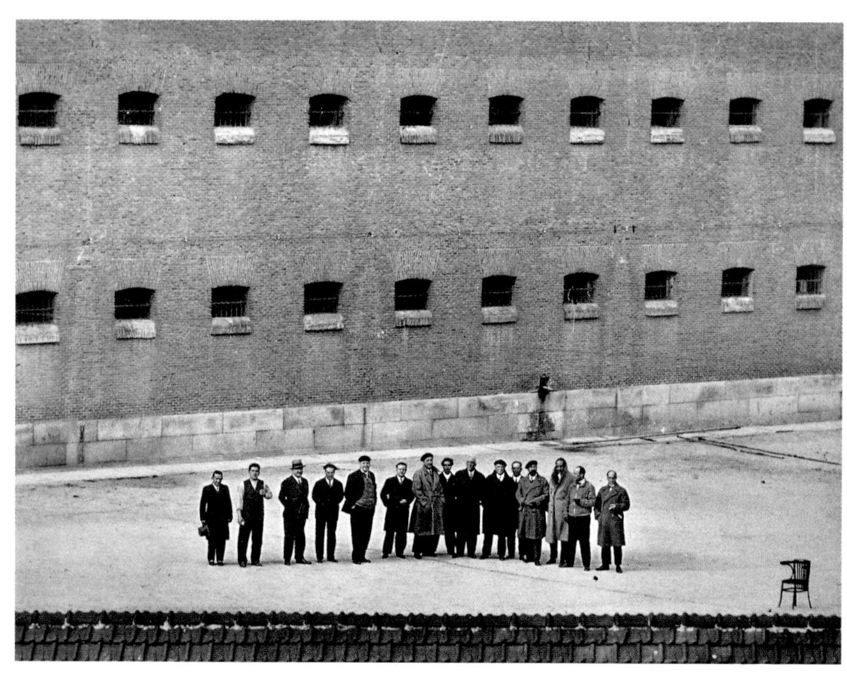

19. Comité Revolucionario Republicano en el patio de la cárcel Modelo, 1931. A.G.A.

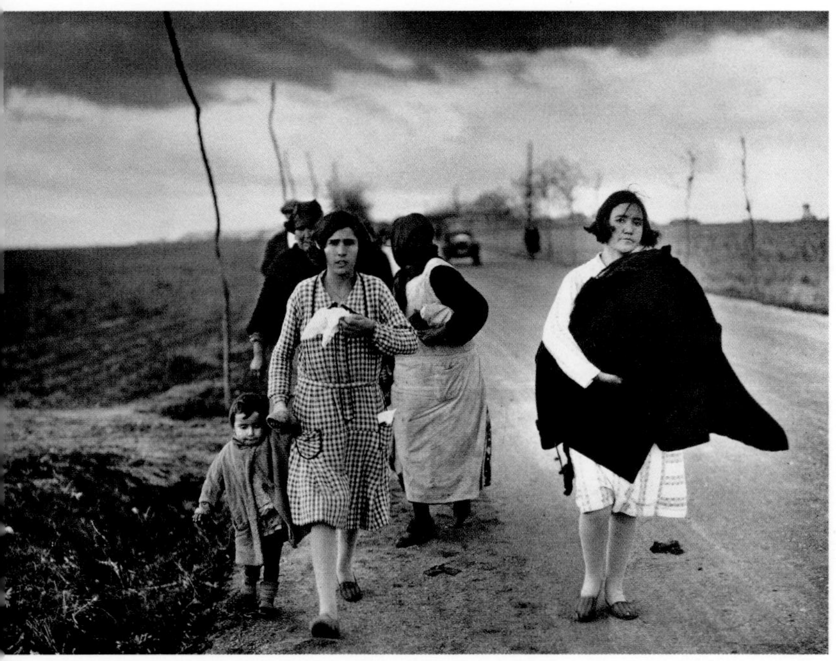

20. Pánico ciudadano durante la sublevación militar de Cuatro Vientos, 1930. A.G.A.

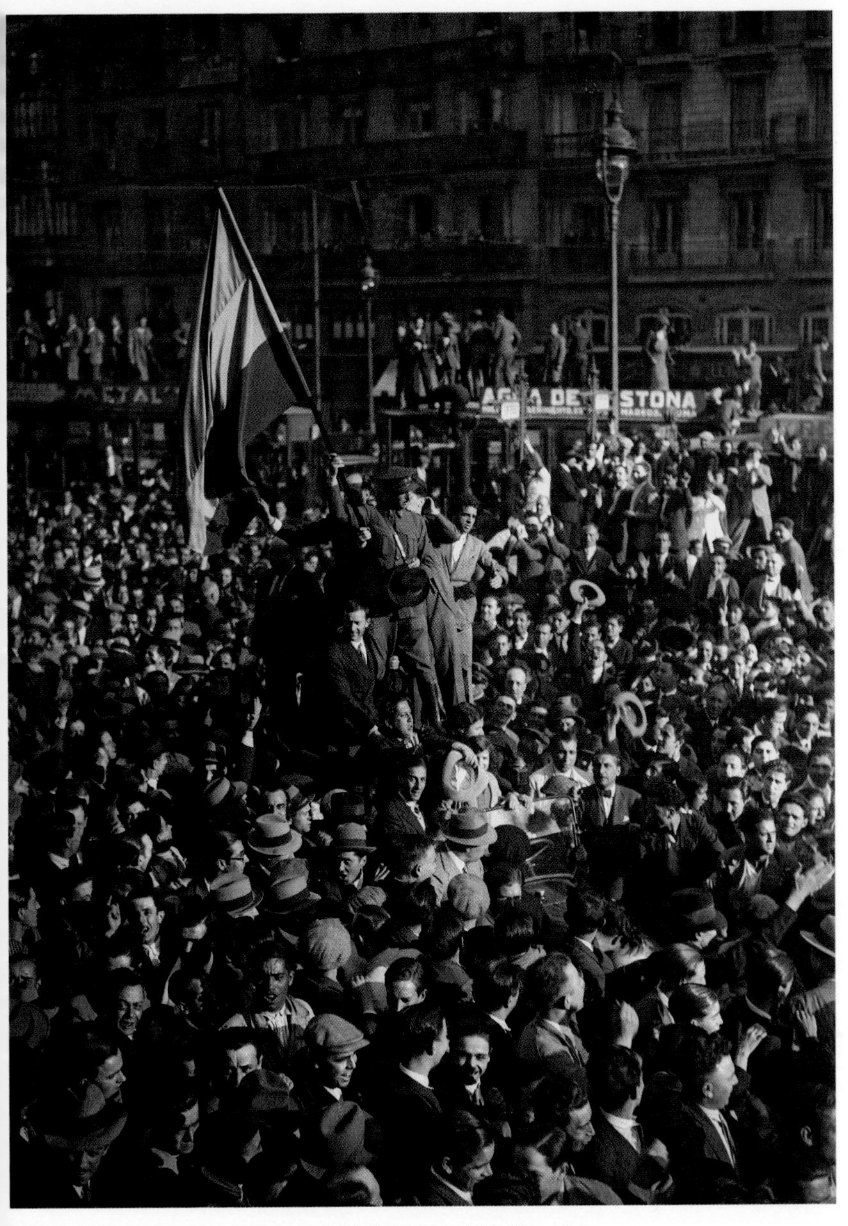

21. Proclamación de la República en la Puerta del Sol de Madrid, 14 de abril de 1931. A.G.A.

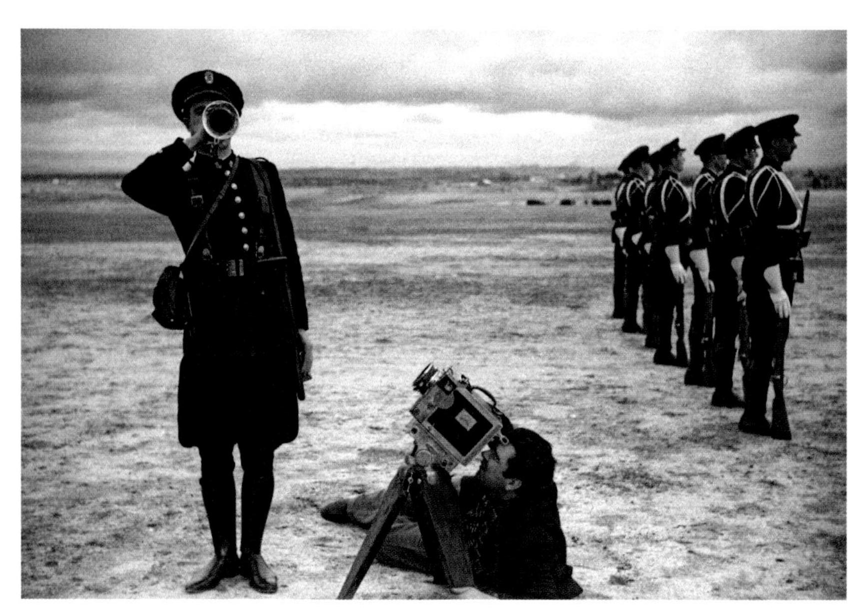

22. Madrid, 1931. A.G.A.

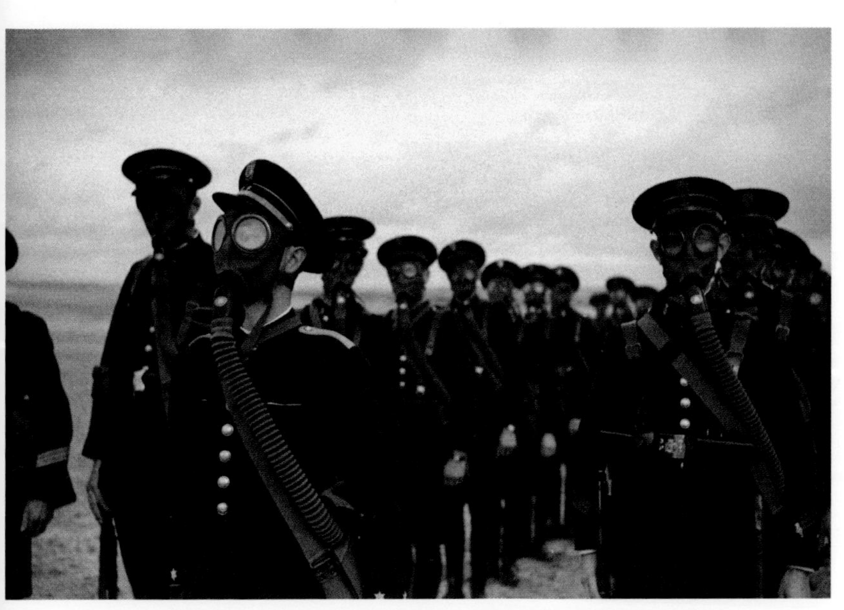

23. Madrid, 1931. A.G.A.

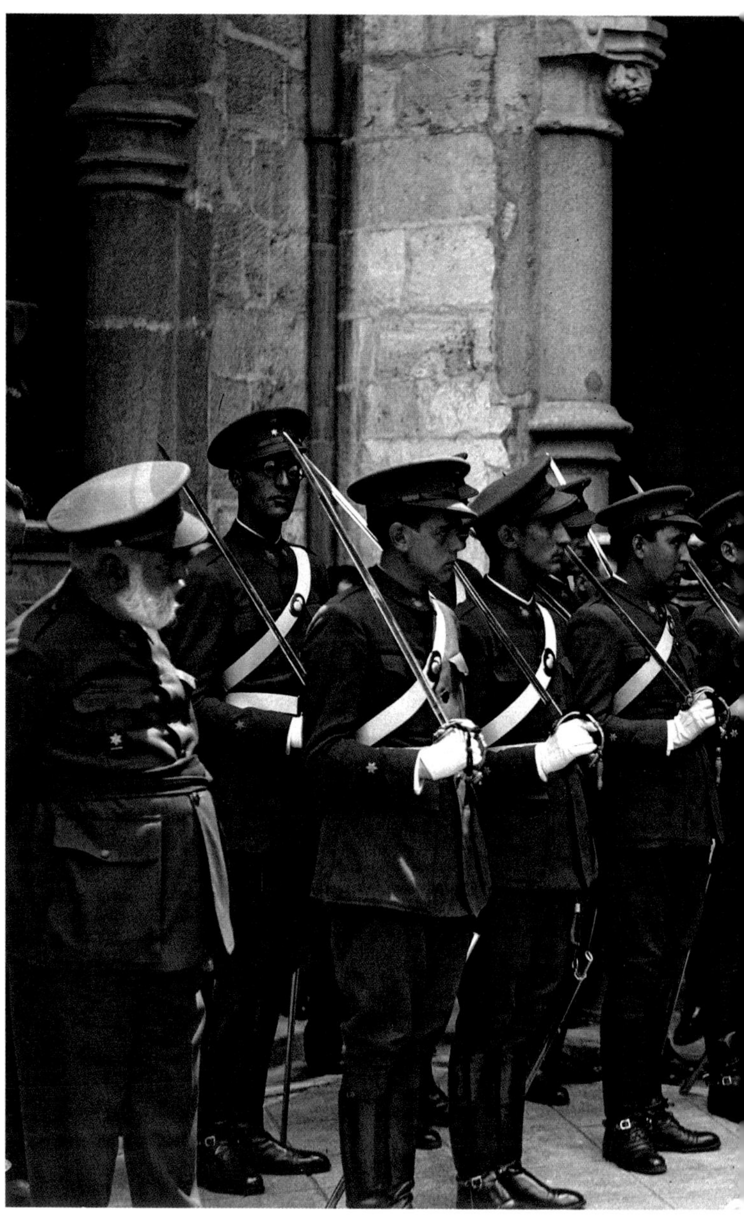

24.  El presidente de la República, Niceto Alcalá Zamora, se dirige a los nuevos oficiales en Segovia, 1932. A.G.A.

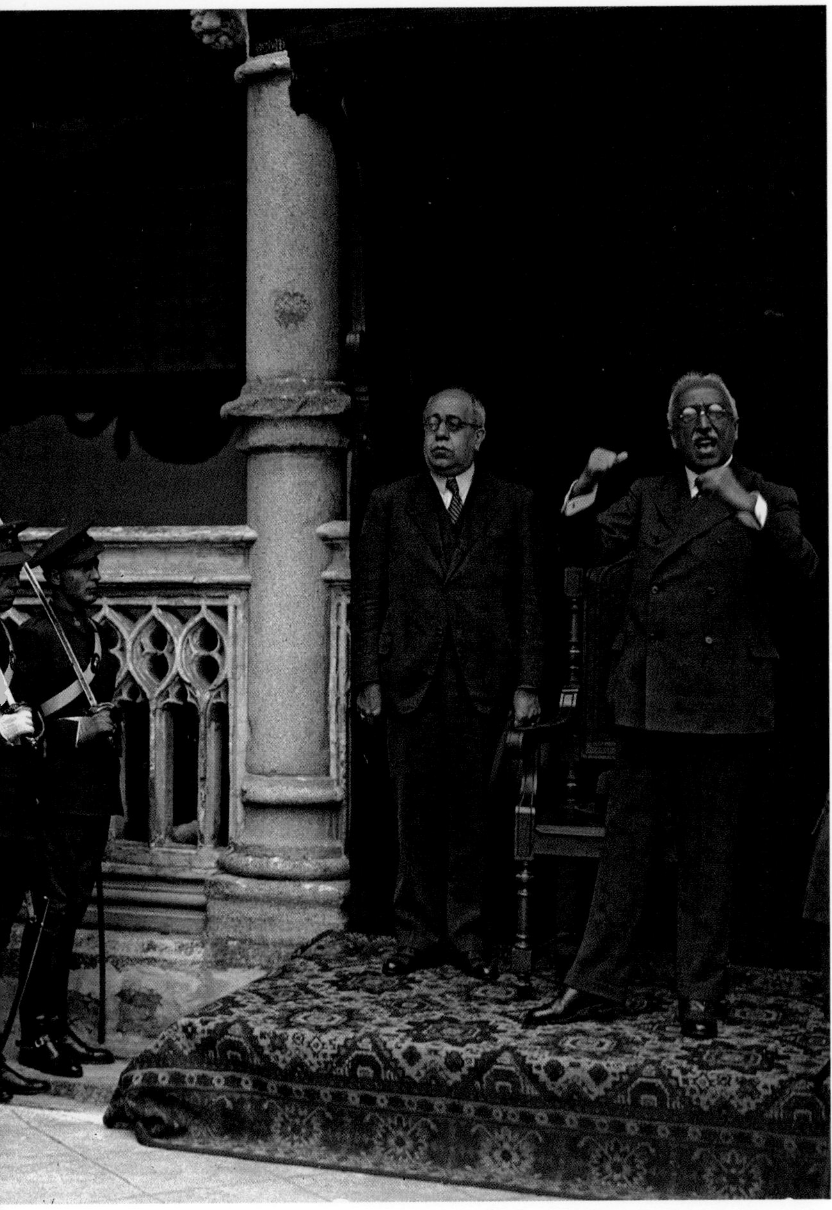

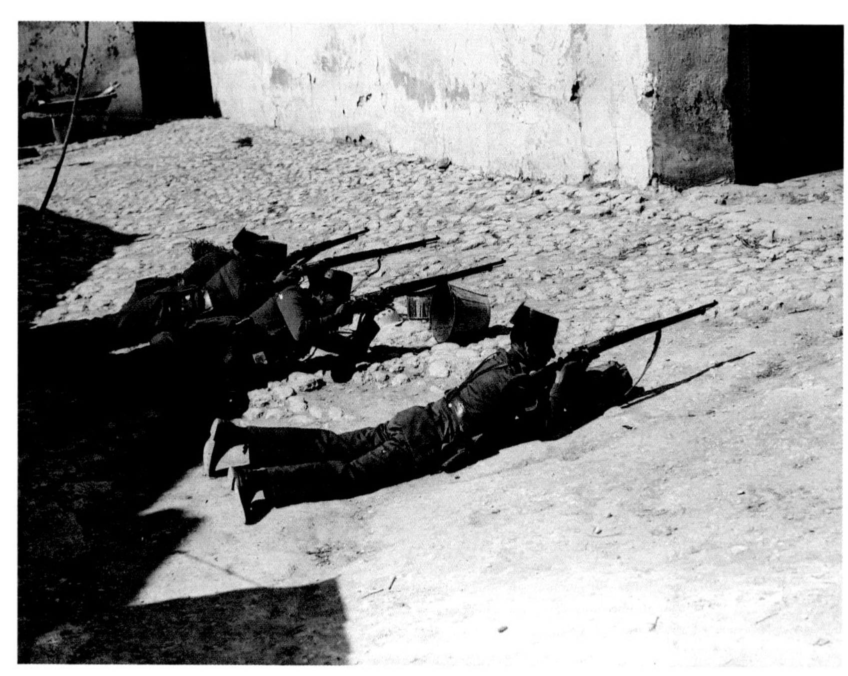

25.  Puebla de don Fadrique, 1932. A.G.A.

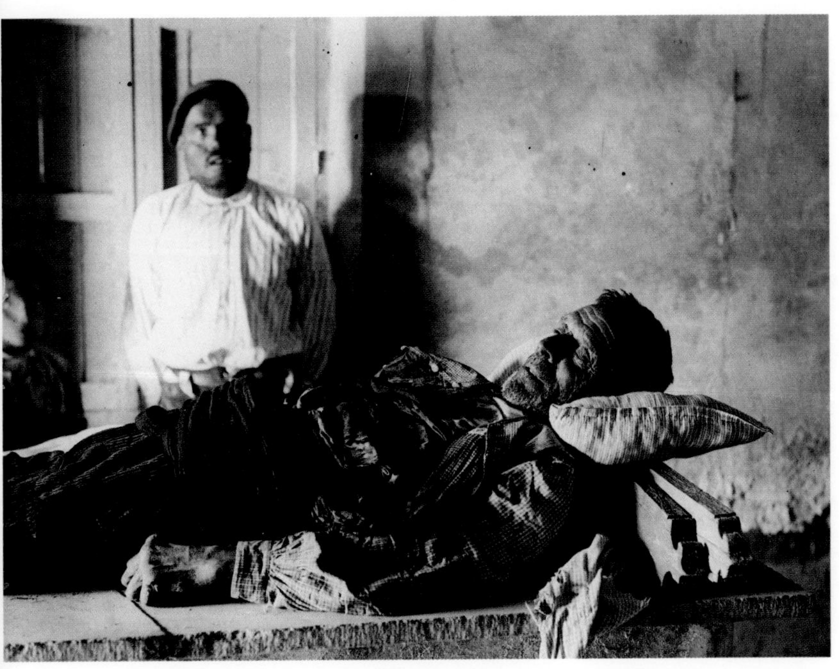

26. Puebla de don Fadrique, 1932. A.G.A.

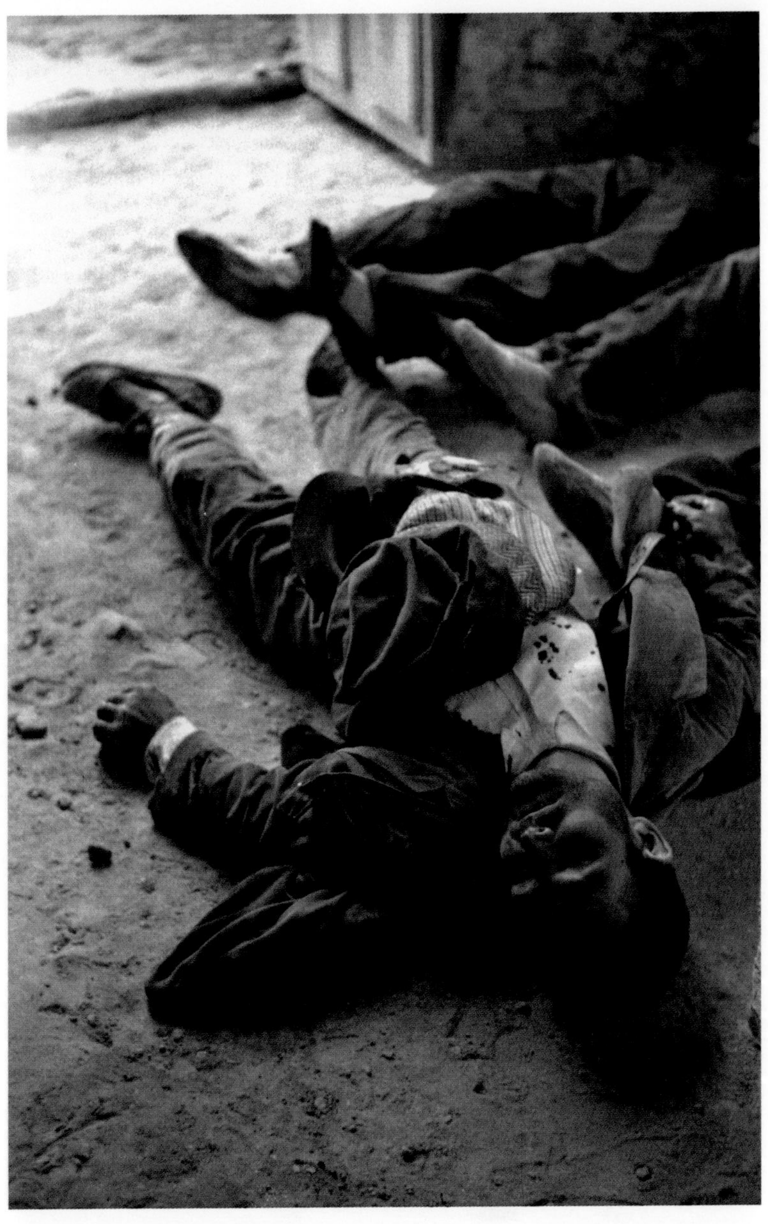

27. Víctimas de la matanza de Yeste. A.G.A.

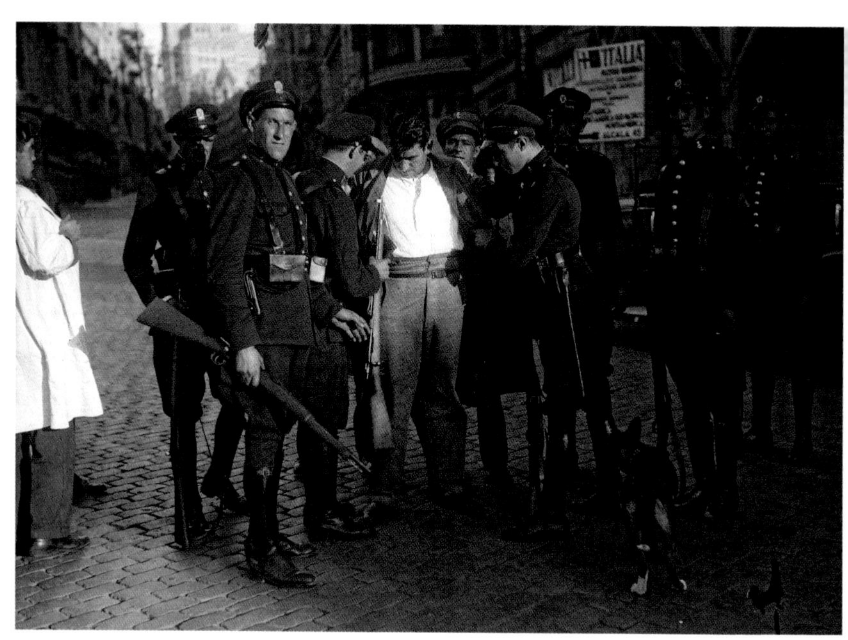

28. Cacheos en la calle Alcalá. Madrid, 1932. A.G.A.

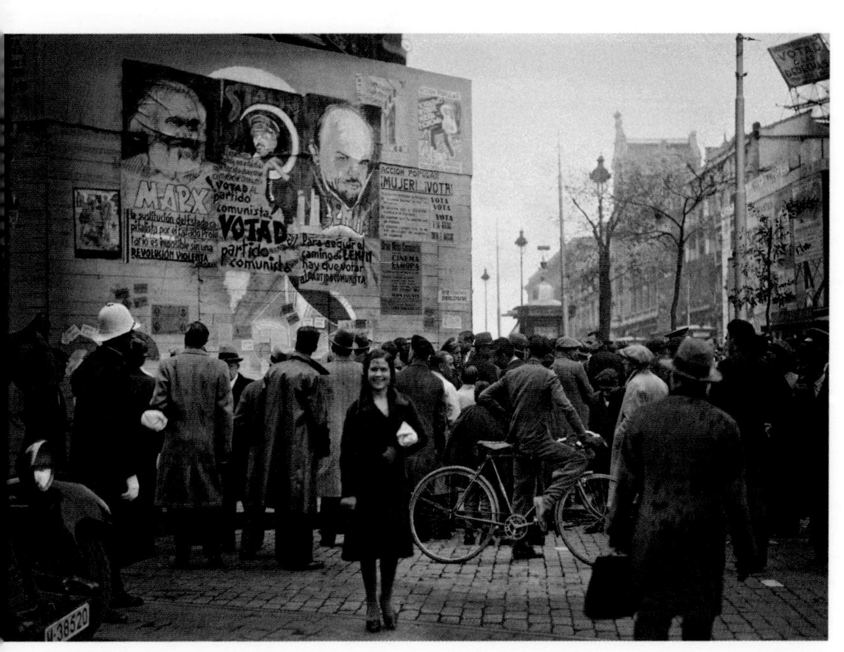


29. Carteles electorales. Madrid, 1936. A.G.A.

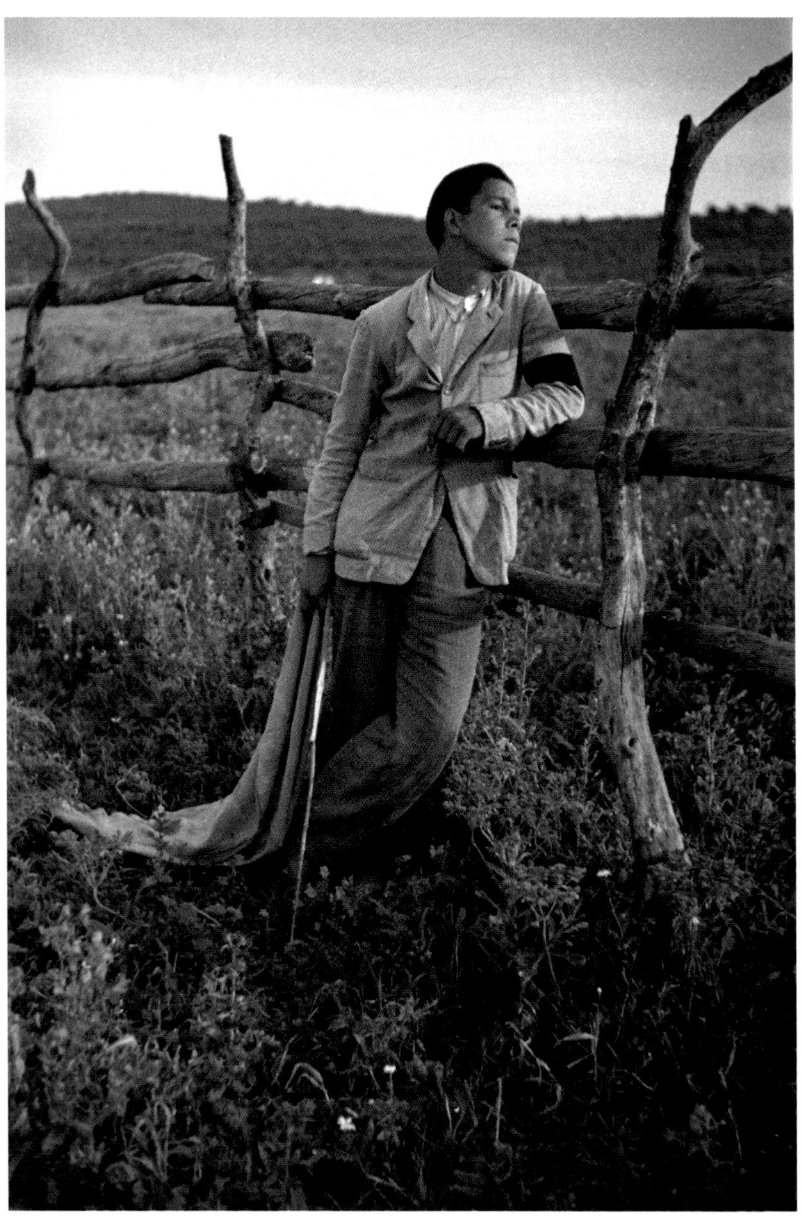

30. Maletilla, 1931. A.G.A.

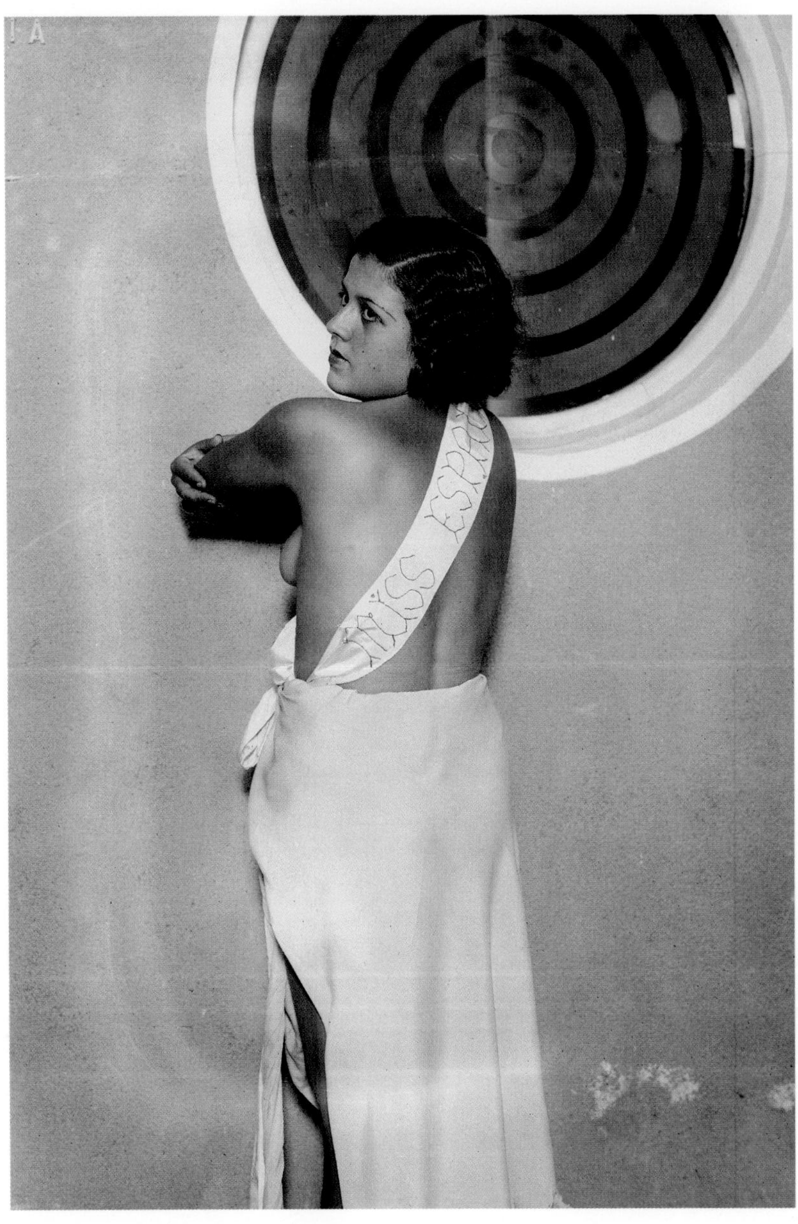



31. La señorita Herminia Baes recibe el premio Miss Espalda, 1934. A.G.A.

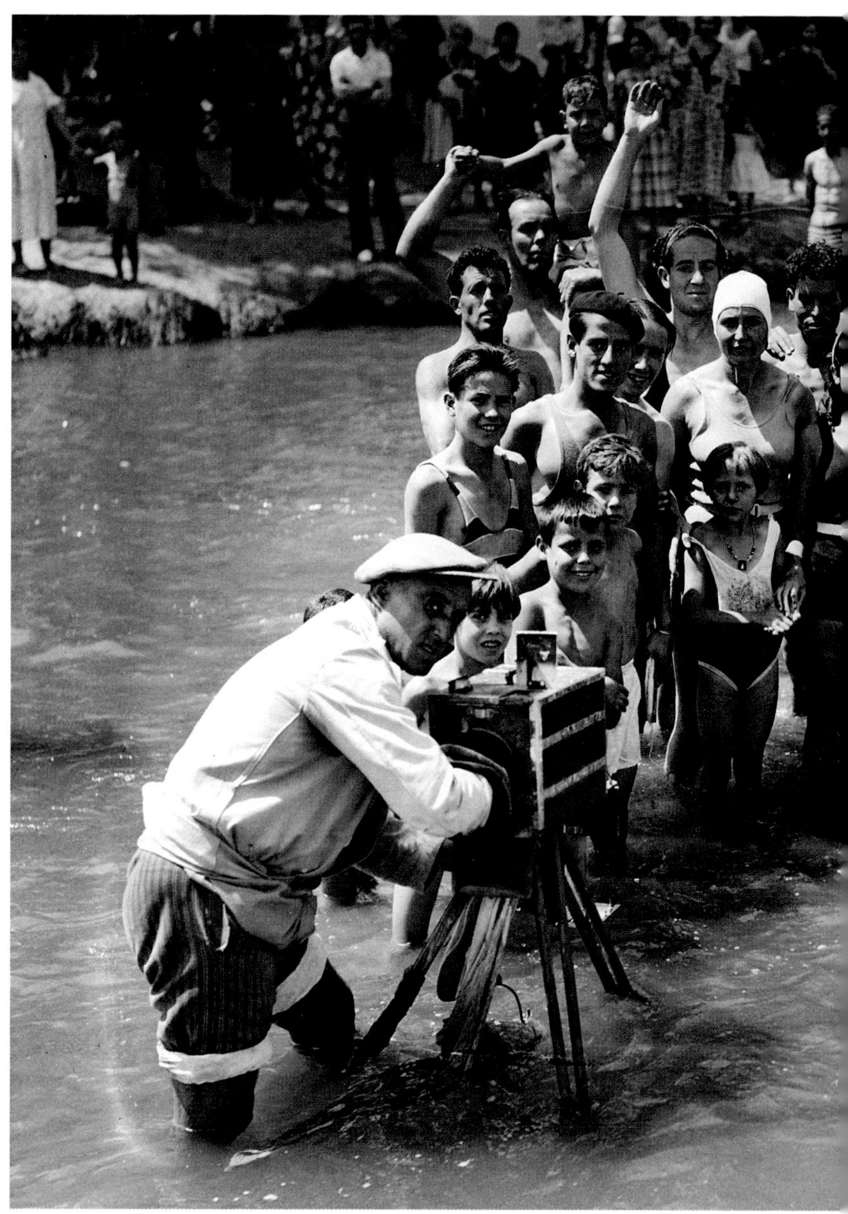

32. Escenas del Manzanares, 1935. A.G.A.

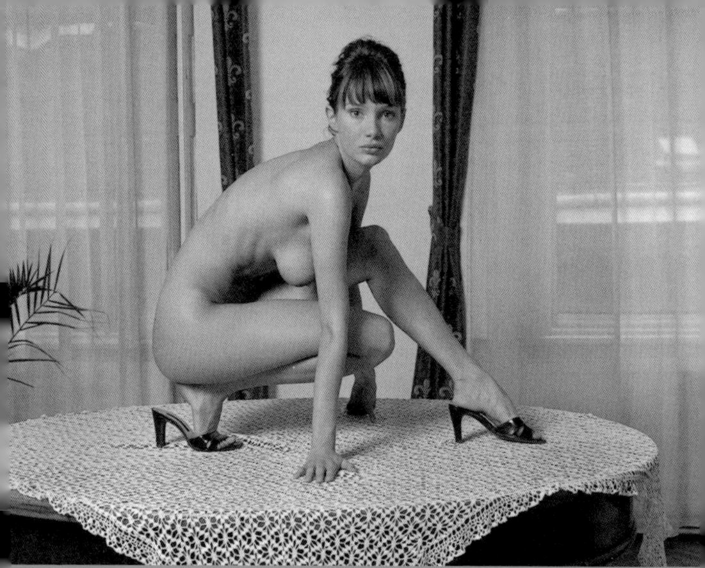

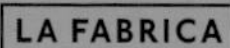

Fotografía. Alberto García-Alix. *Ewa,* Budapest 2000.

# Biblioteca PhotoBolsillo

Los mejores fotógrafos
españoles en tu mano

LA FABRICA

# Biblioteca PHotoBolsillo

PhotoBolsillo es una colección única.
Una cuidada selección de libros de los mejores fotógrafos españoles.
Cada volumen, impreso con la máxima calidad, contiene
más de sesenta imágenes con la obra fundamental
de un fotógrafo.


☐ **DESEO** SUSCRIBIRME A PHOTOBOLSILLO

Recibiré seis volúmenes anuales, por correo postal
(gastos de envío incluidos).
Rellenando este boletín me beneficio de esta oferta especial,
por la que sólo pagaré **50 euros** por cada nuevo volumen
(con más de un **25 por ciento** de descuento).


Si deseas recibir otros volúmenes de la colección, al mismo precio, indícanos cuales:

| | | |
|---|---|---|
| ☐ 01. Xavier Miserachs | ☐ 21. Alberto García-Álix | ☐ 41. José Antonio Carrera |
| ☐ 02. Nicolás Muller | ☐ 22. Pablo Genovés | ☐ 42. Manuel Vilariño |
| ☐ 03. Humberto Rivas | ☐ 23. Clemente Bernard | ☐ 43. Kim Manresa |
| ☐ 04. Ricky Dávila | ☐ 24. Carlos Serrano | ☐ 44. Rafael Navarro |
| ☐ 05. Koldo Chamorro | ☐ 25. Ramón Masats | ☐ 45. Toni Catani |
| ☐ 06. Francesc Català-Roca | ☐ 26. Oscar Molina | ☐ 46. Luis Escobar |
| ☐ 07. Carlos Pérez Siquier | ☐ 27. Cristina García Rodero | ☐ 47. Marta Sentís |
| ☐ 08. Luis Pérez-Mínguez | ☐ 28. Pablo Pérez-Mínguez | ☐ 48. Chema Madoz |
| ☐ 09. Gabriel Cualladó | ☐ 29. Joan Fontcuberta | ☐ 49. Ciuco Gutiérrez |
| ☐ 10. Javier Vallhonrat | ☐ 30. Navia | ☐ 50. Alberto Schommer |
| ☐ 11. Miguel Trillo | ☐ 31. Ricard Terré | ☐ 51. Ouka Leele |
| ☐ 12. Pilar Pequeño | ☐ 32. Fernando Herráez | ☐ 52. Manel Esclusa |
| ☐ 13. César Lucas | ☐ 33. Oriol Maspons | ☐ 53. Laura Torrado |
| ☐ 14. Fernando Gordillo | ☐ 34. J. Ignacio Lobo Altuna | ☐ 54. Ángel Marcos |
| ☐ 15. Agustí Centelles | ☐ 35. Xurxo lobato | ☐ 55. Ortiz Echagüe |
| ☐ 16. Luis Baylón | ☐ 36. Genín Andrada | ☐ 56. Francisco Ontañón |
| ☐ 17. Isabel Muñoz | ☐ 37. Valentín Vallhonrat | ☐ 57. Carlos Saura |
| ☐ 18. José Mª Díaz-Maroto | ☐ 38. Vari Caramés | ☐ 58. Alfonso |
| ☐ 19. Cristóbal Hara | ☐ 39. Juan M. Díaz Burgos | |
| ☐ 20. Antonio Tabernero | ☐ 40. Ferran Freixa | |


Para tu suscripción necesitamos los siguientes datos:

■ Nombre y apellidos  _______________________________
■ Dirección de envío  _______________________________
■ Telf. / Fax / E-mail  _______________________________
■ Datos bancarios para la domiciliación del recibo:

Entidad | | | | |Oficina | | | | |DC | | |N° Cuenta | | | | | | | | | | | |

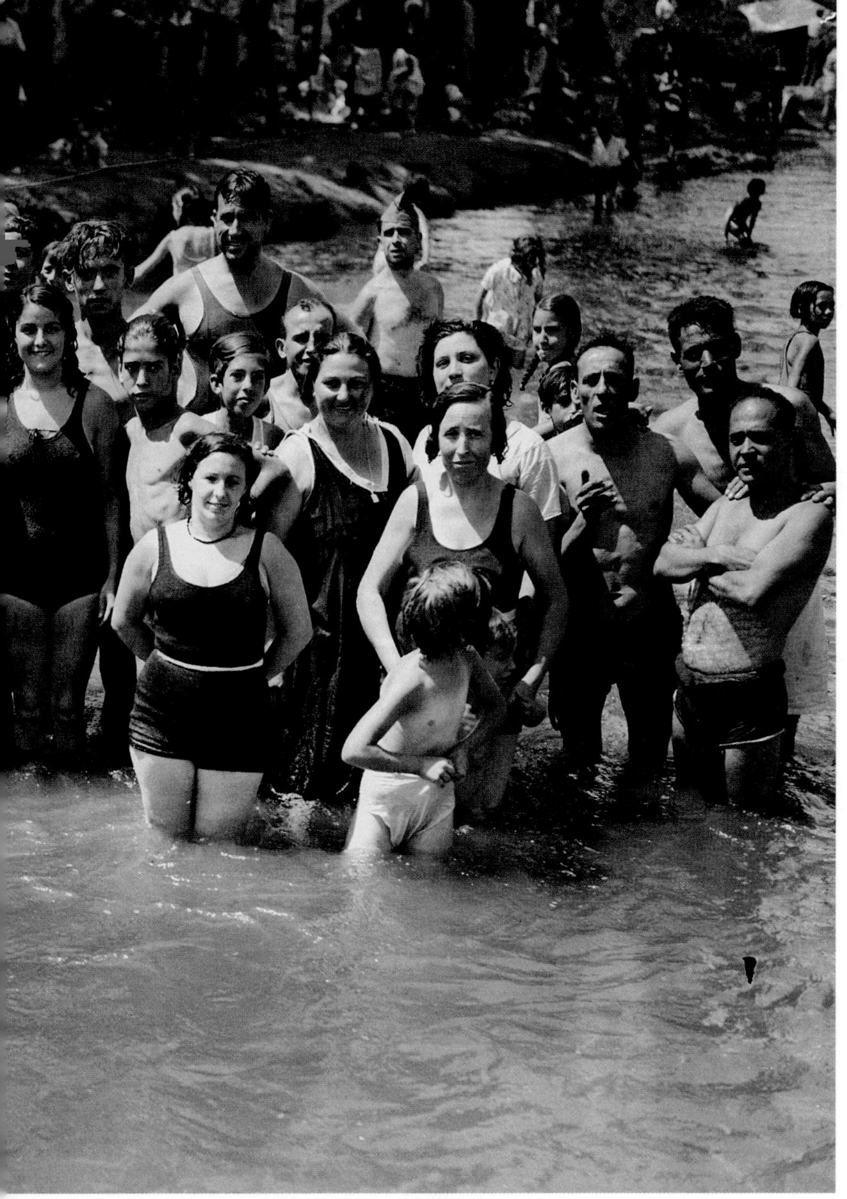

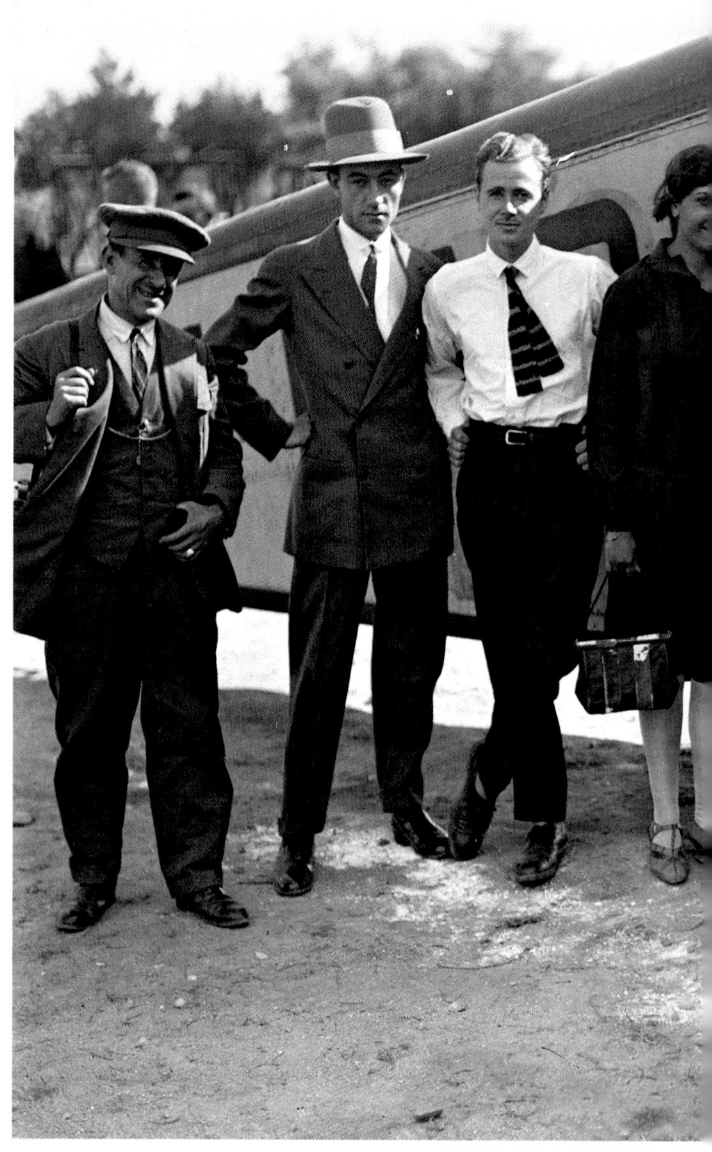

33. Pasajeros de la línea aérea Madrid-Barcelona. A.G.A.

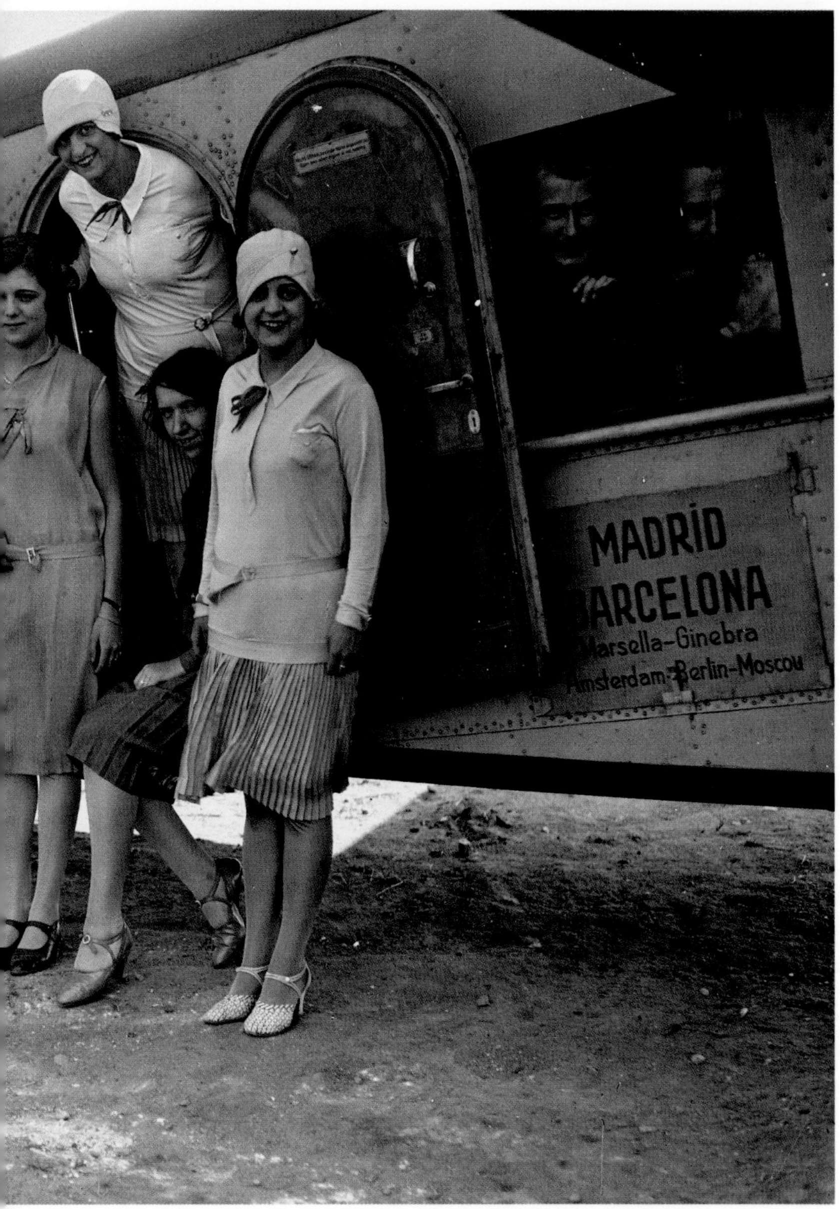

MADRID
BARCELONA
Marsella-Ginebra
Amsterdam-Berlin-Moscou

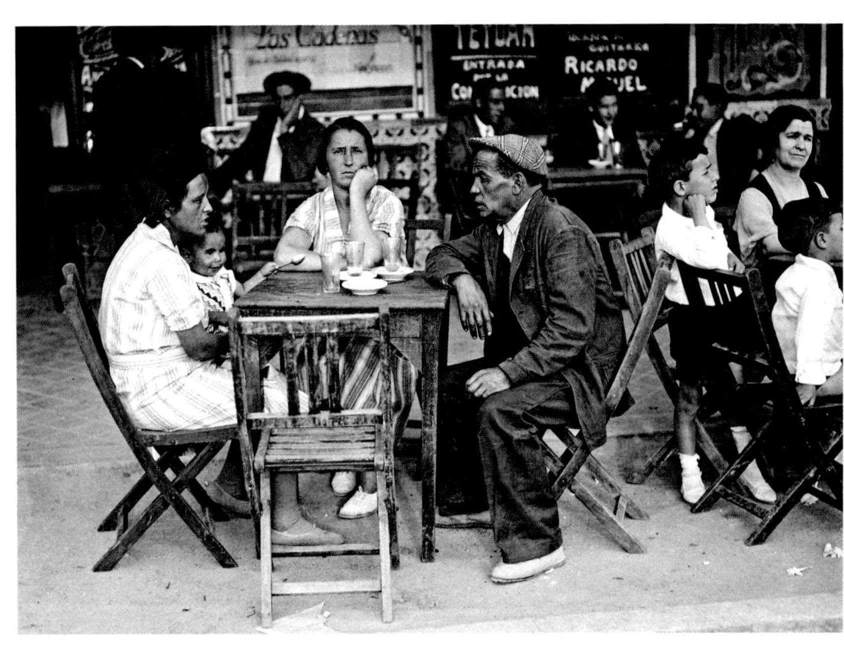


34. Tetuán, 1933. A.G.A.

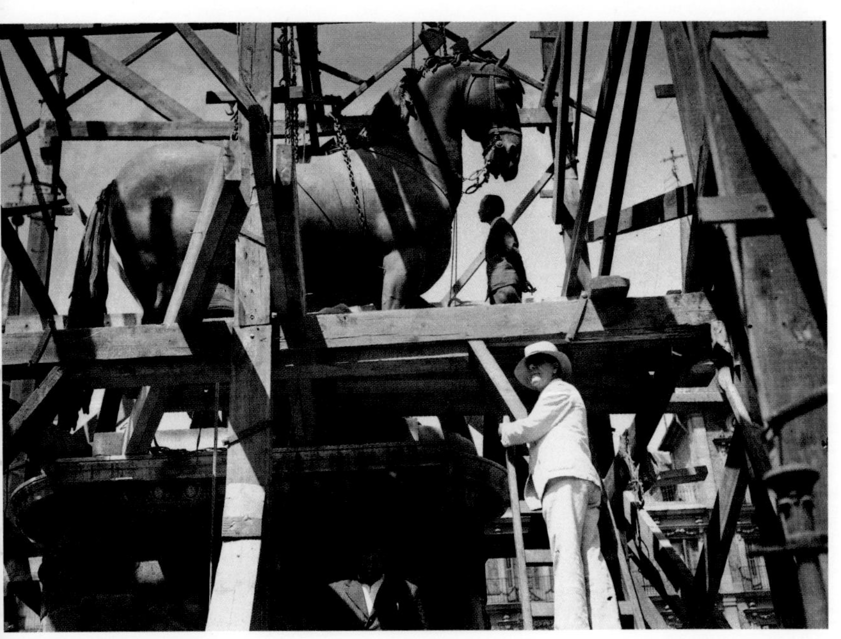

35. Montaje del caballo de la estatua de Felipe III en la Plaza Mayor de Madrid, 1934. A.G.A.

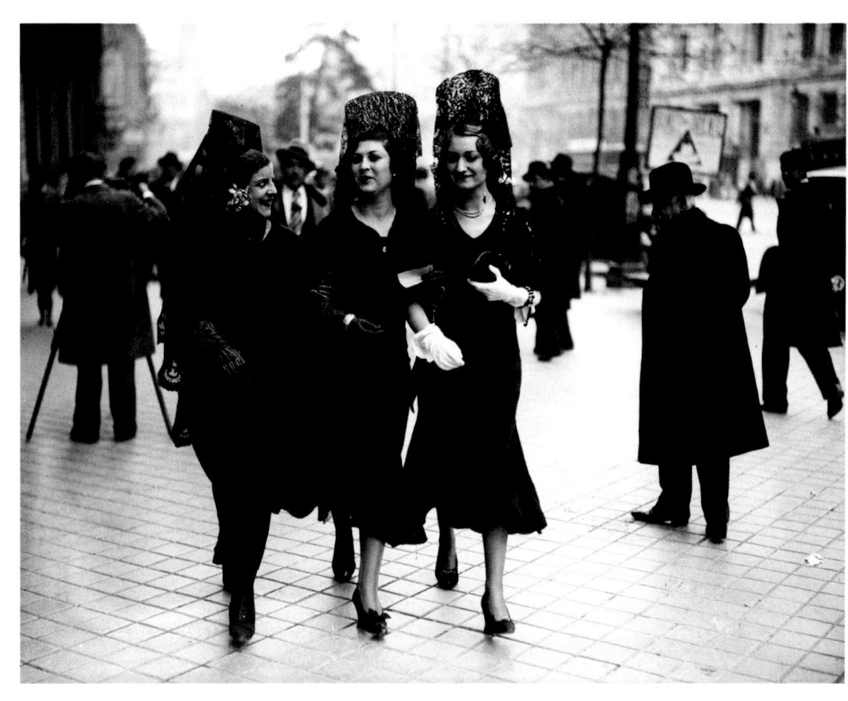

36.  La Gran Vía. Madrid, 1934. A.G.A.

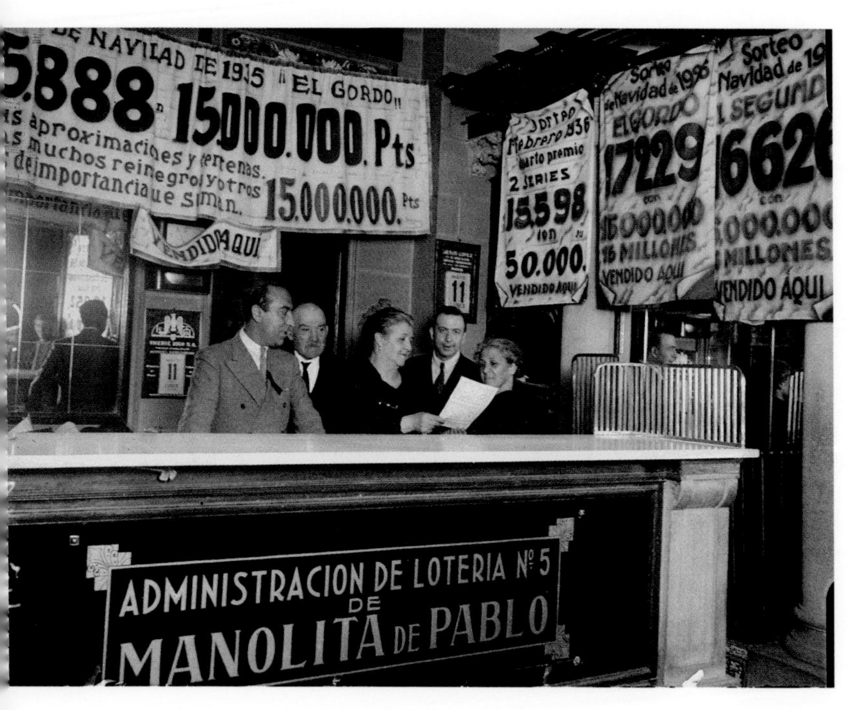


37. Administración de lotería de doña Manolita el día de Navidad de 1935. A.G.A.

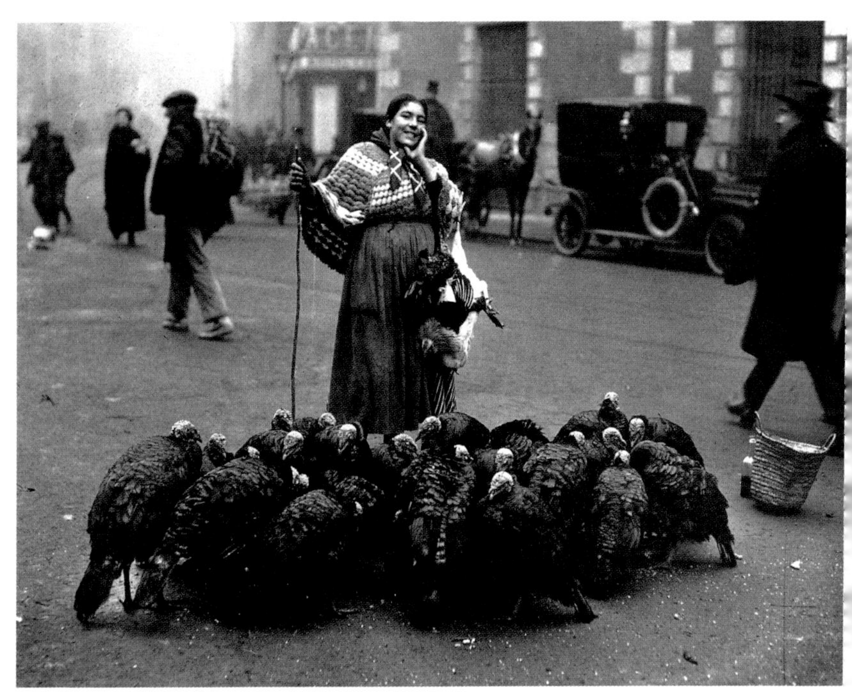

38. Vendedora de pavos en la plazuela de Santa Cruz, 1925. A.G.A.

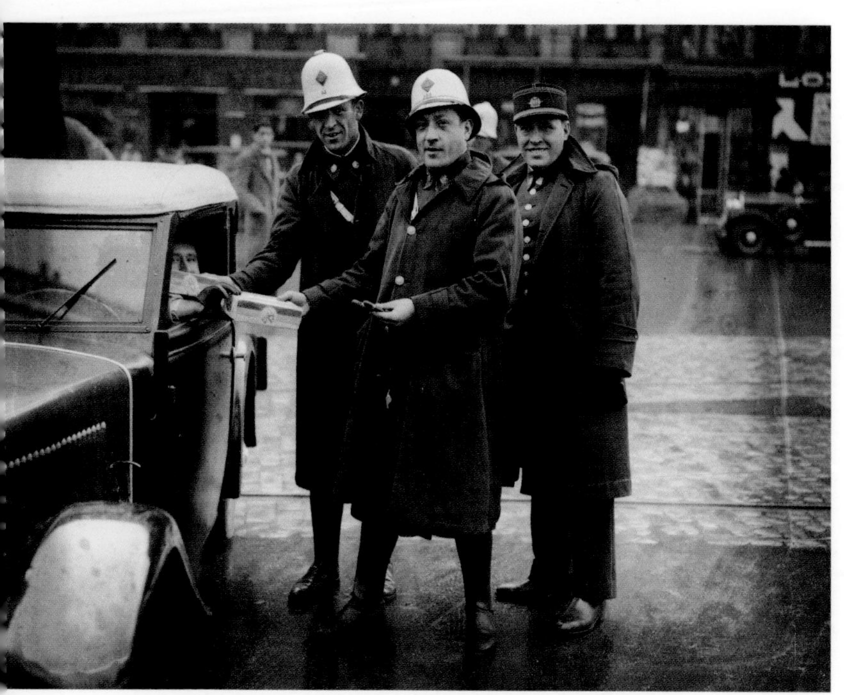

39. Obsequios navideños, 1934. A.G.A.

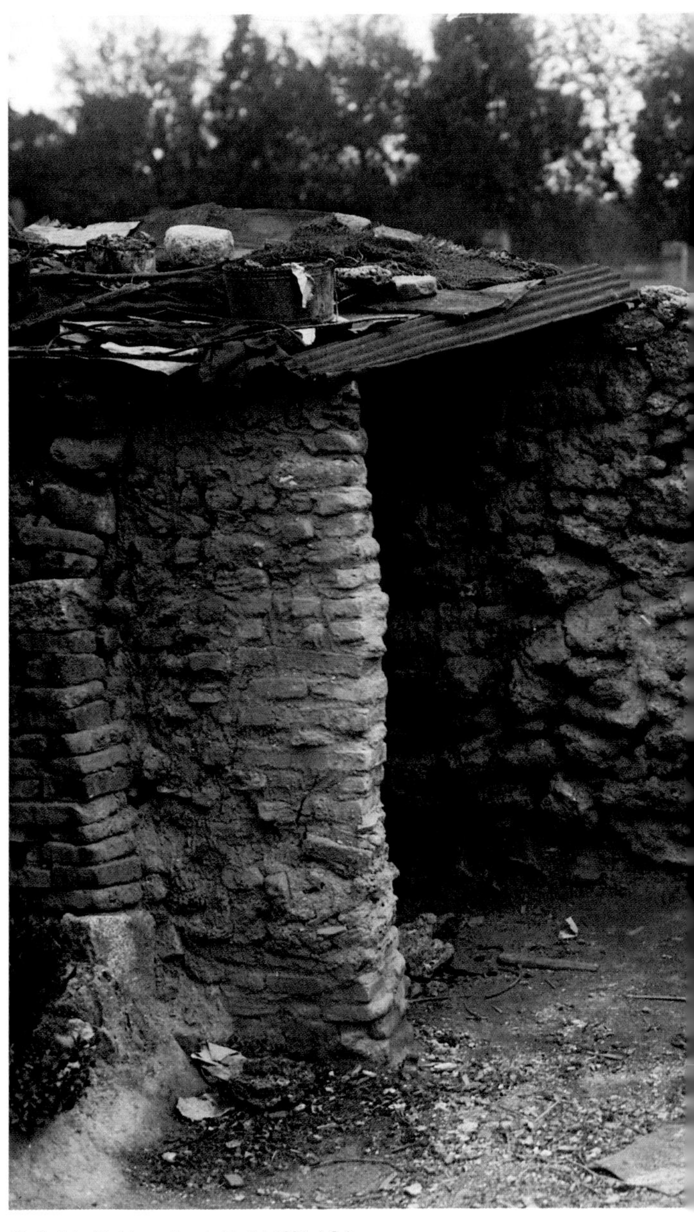

40. Casimiro Municio, verdugo de Madrid, 1934. A.G.A.

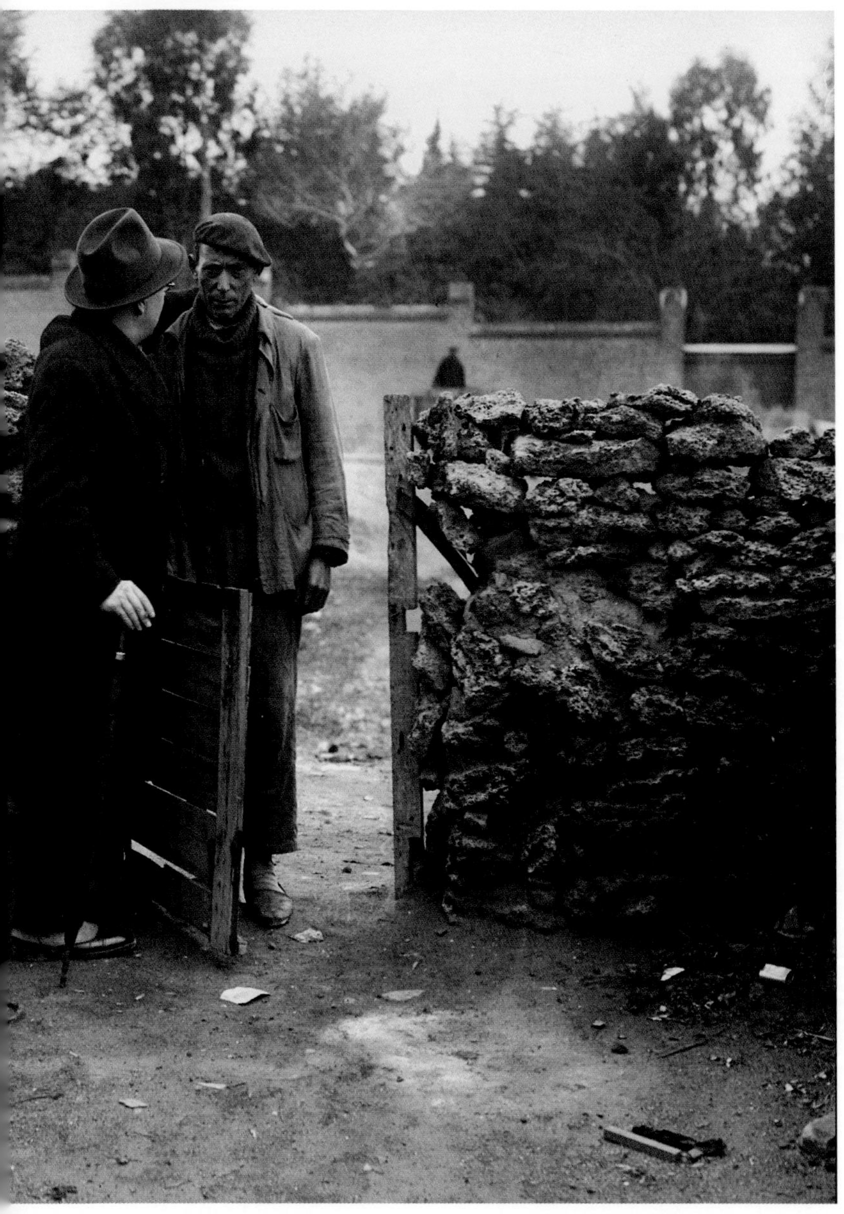

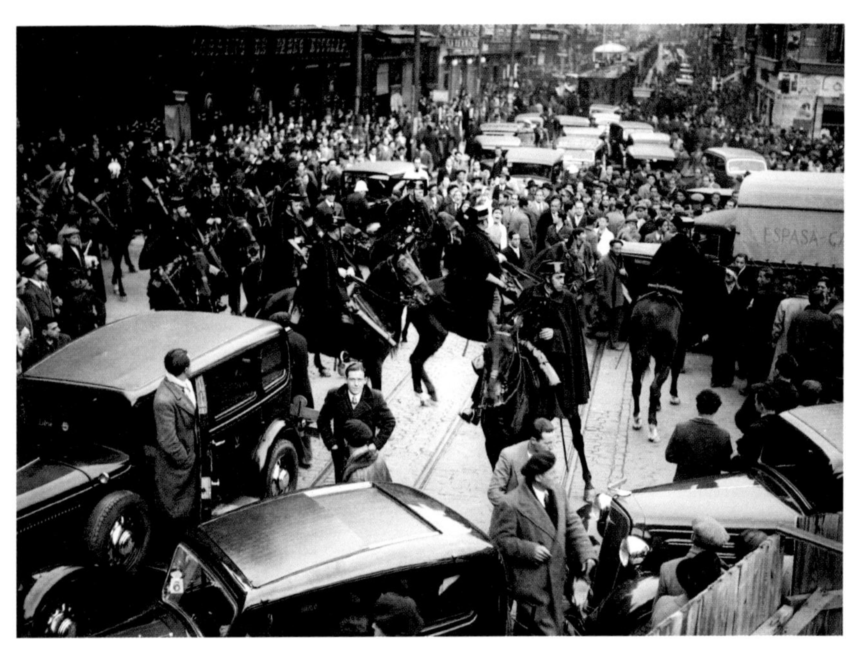

41. Manifestación pro amnistía. Madrid, 17 de febrero de 1936. A.G.A.

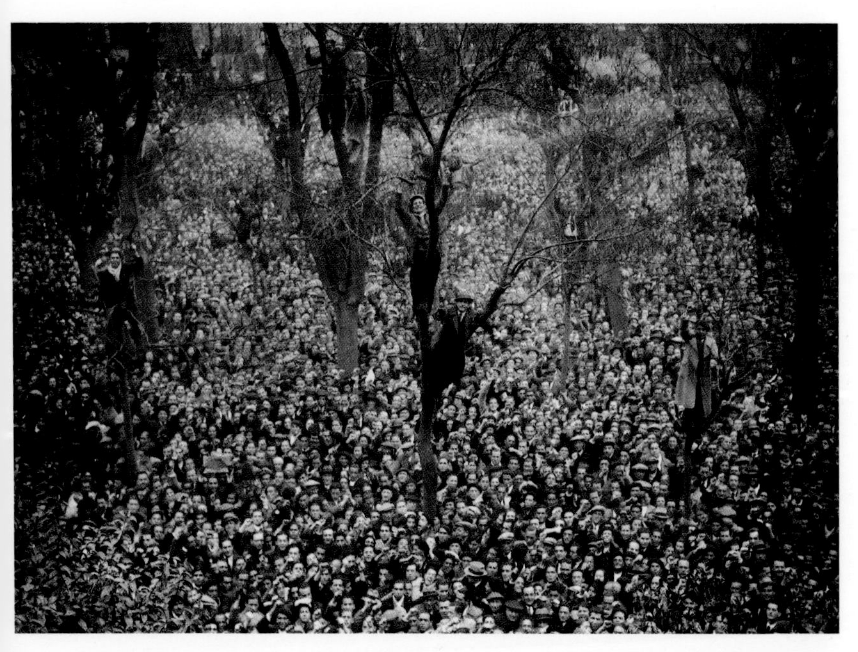

42. Victoria electoral del Frente Popular, 1936. A.G.A.

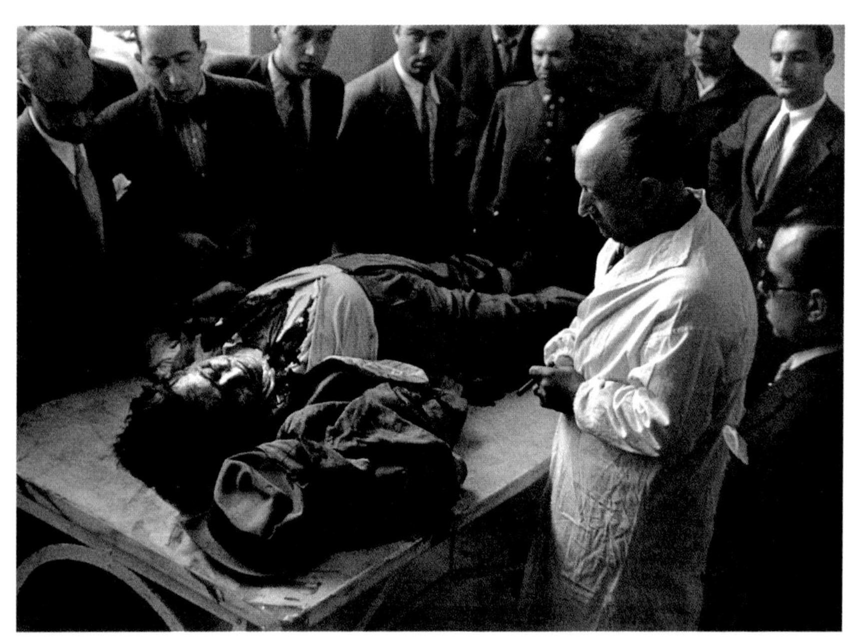

43. Asesinato de Calvo Sotelo. 13 de julio de 1936. A.G.A.

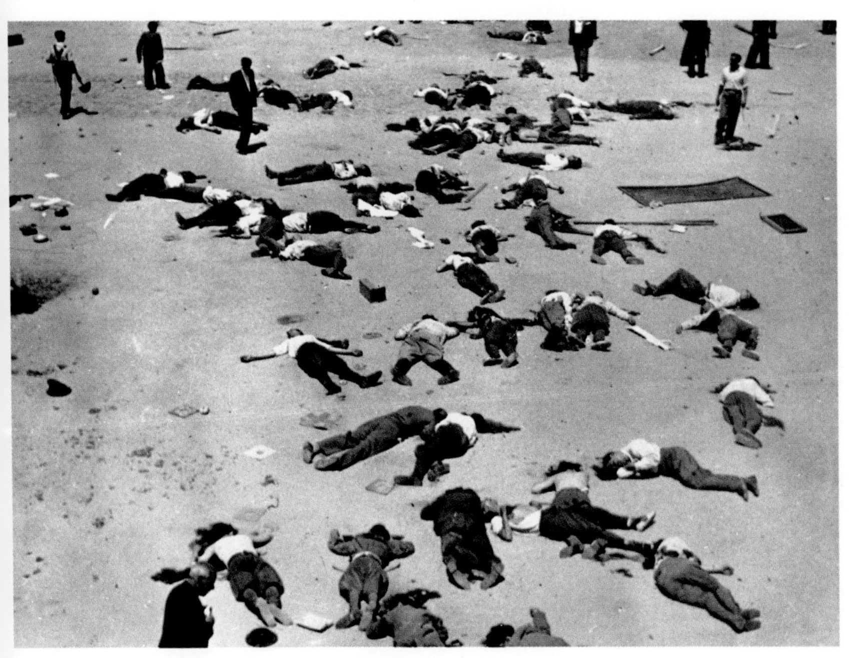

44. Muertos en el Cuartel de la Montaña por las fuerzas leales a la República. 20 de julio de 1936. A.G.A.

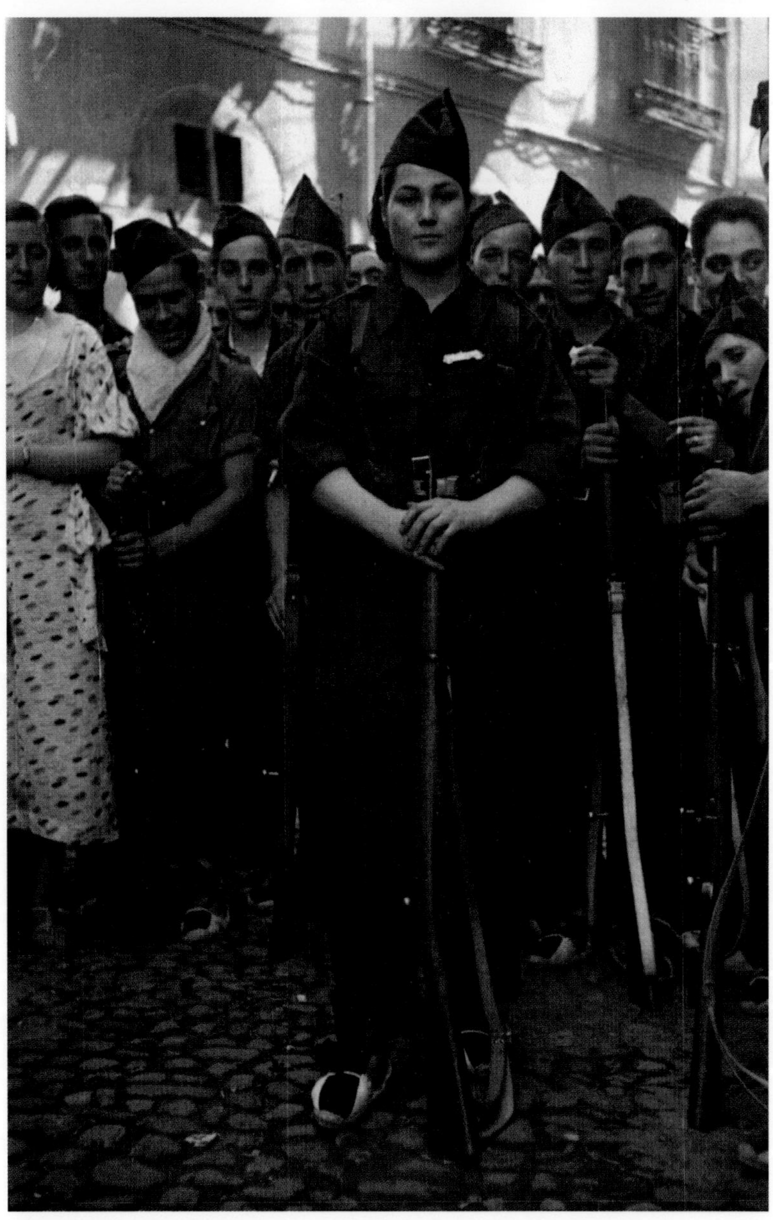

45. Brigadistas. A.G.A.

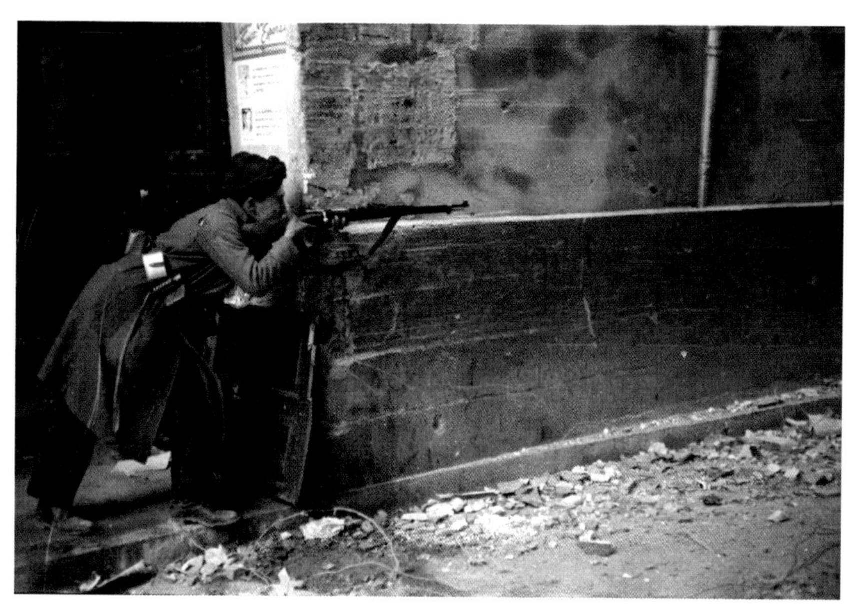

46. Teruel, 1937. A.G.A.

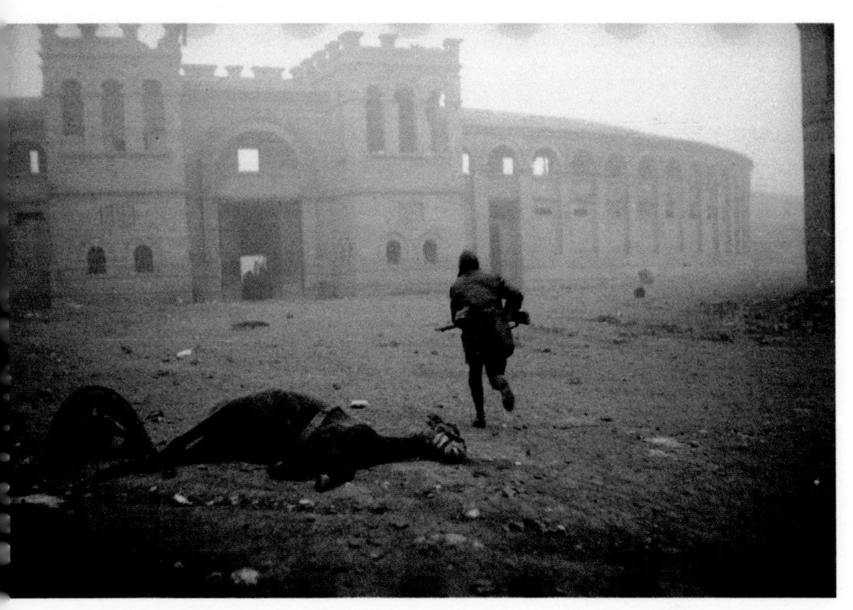

47.  Teruel, 1937. A.G.A.

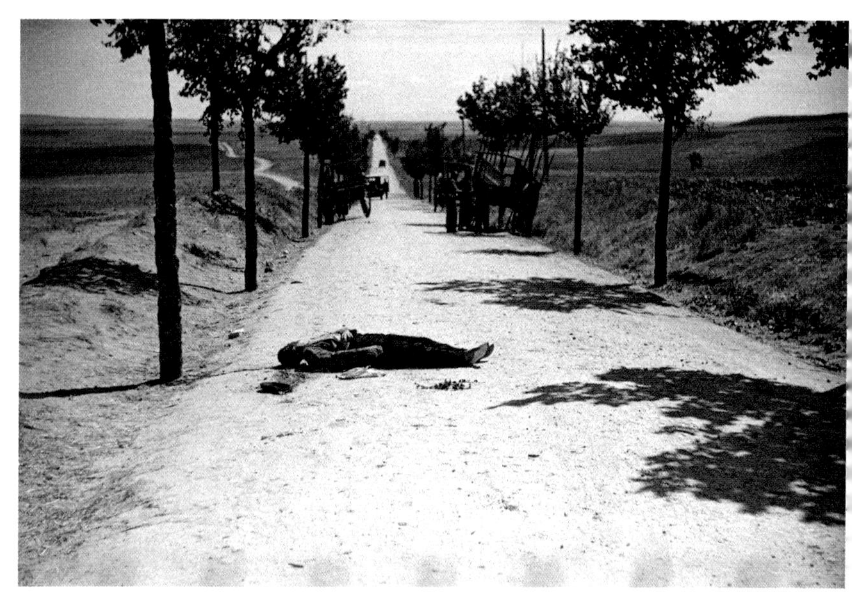

48. Extremadura, 1937. A.G.A.

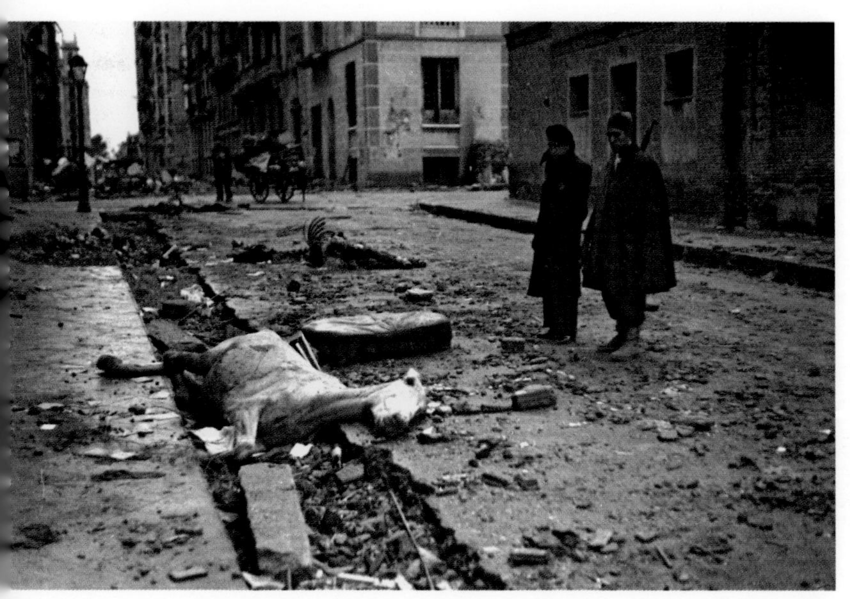

49. Madrid, 1937. A.G.A.

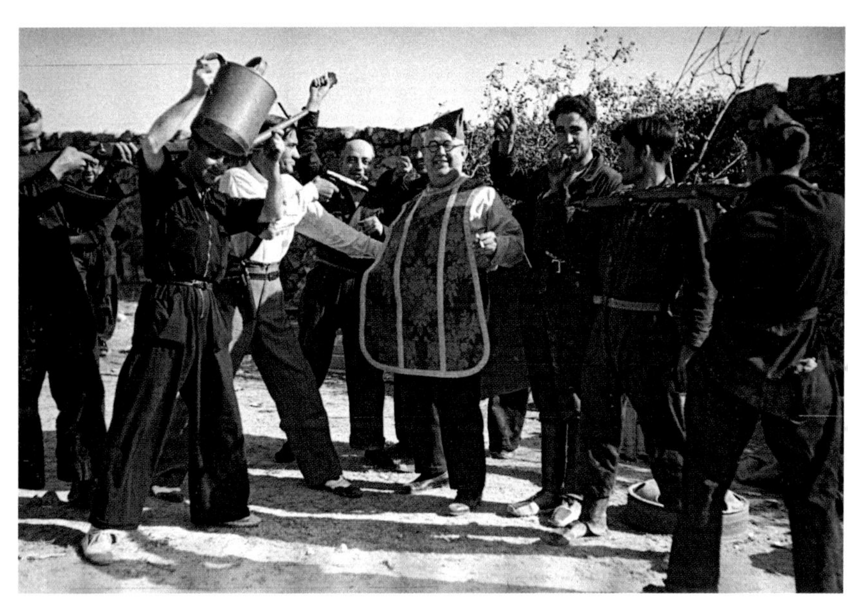

50. Burlas anticlericales. Madrid, 1936. A.G.A.

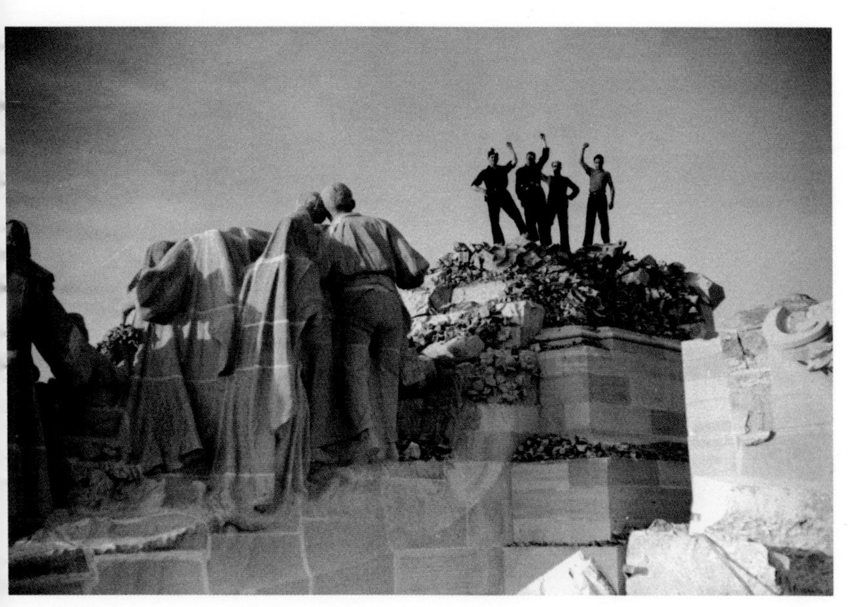

51. El Cerro de los Ángeles. A.G.A.

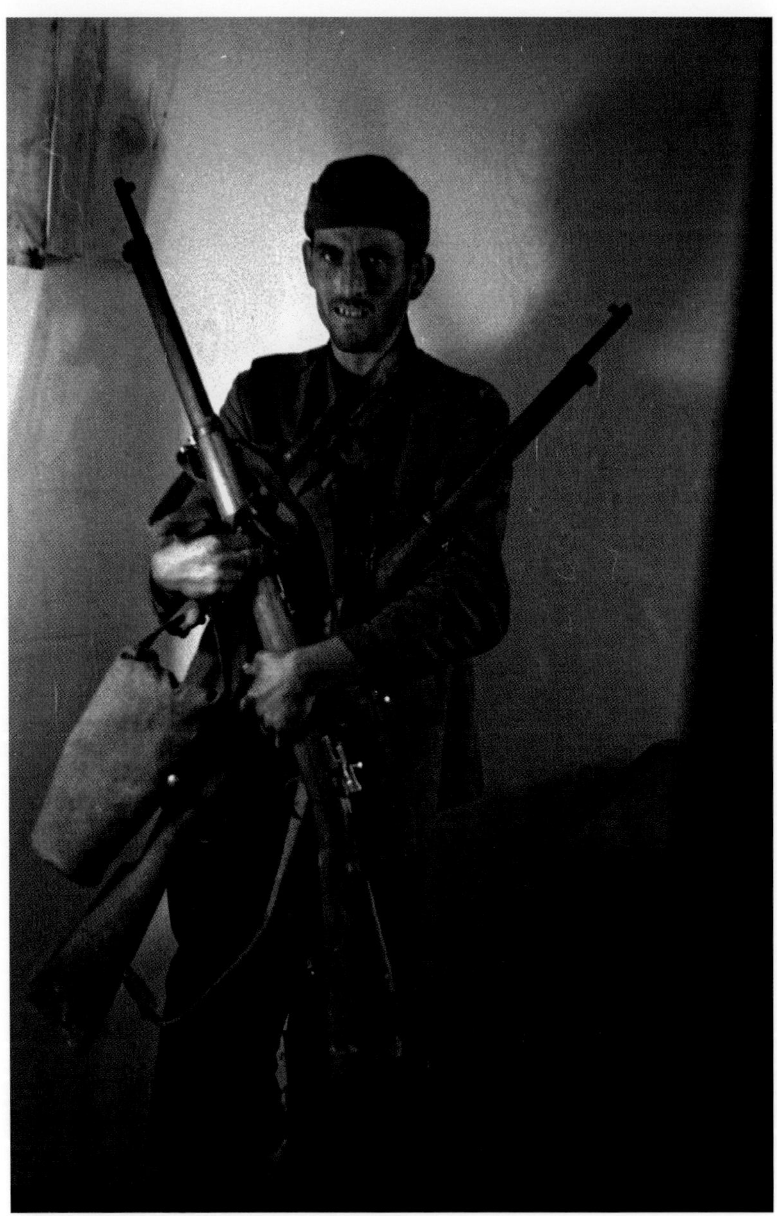

52. Brigadista. A.G.A.

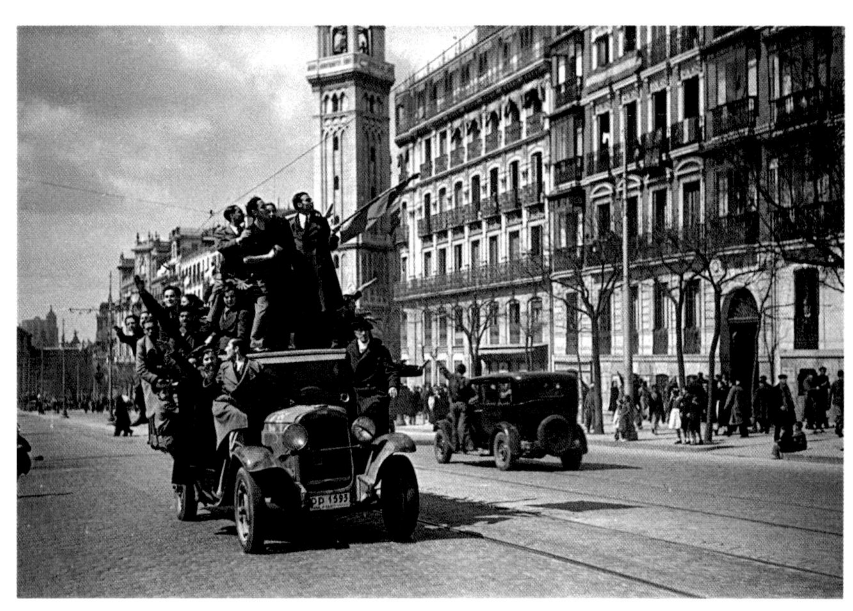

53. Entrada en Madrid de las fuerzas nacionales, 1939. A.G.A.

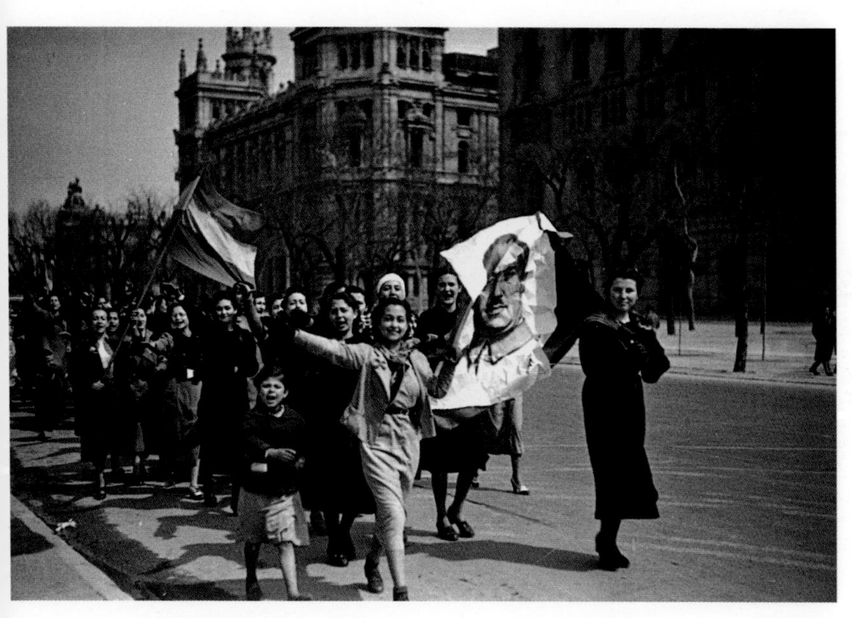

54. Partidarios del bando nacional desfilan por la calle de Alcalá. Madrid, 1939. A.G.A.

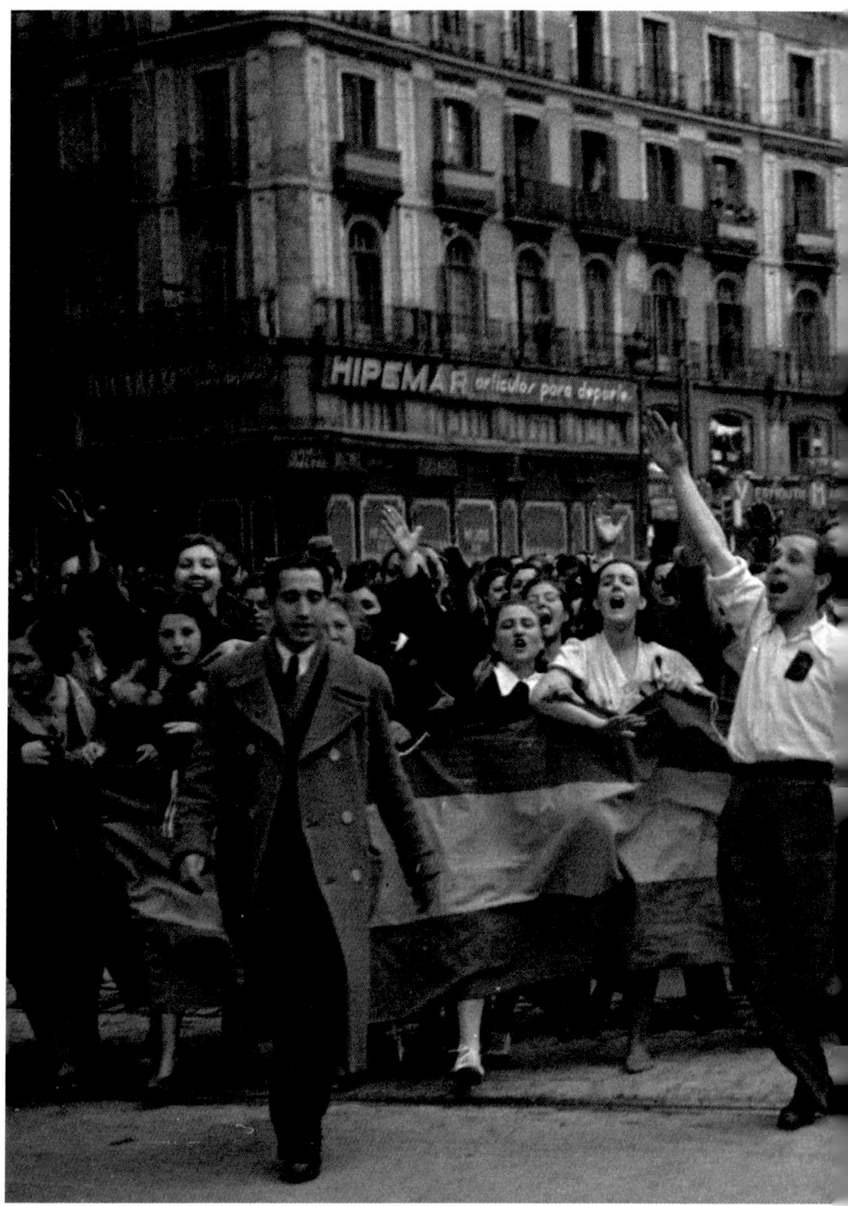


55. Manifestación de apoyo a Franco en la Puerta del Sol de Madrid. A.G.A.

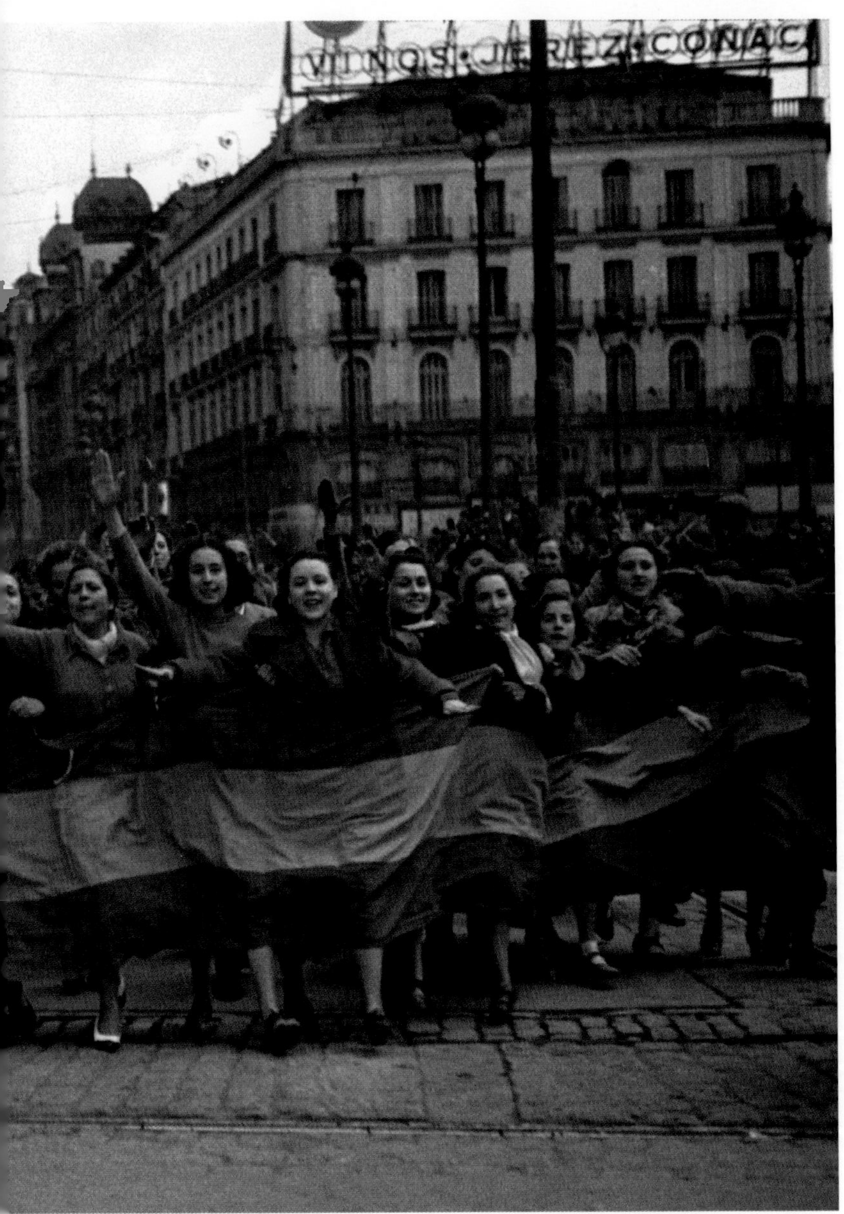
VINOS · JEREZ · CONAC

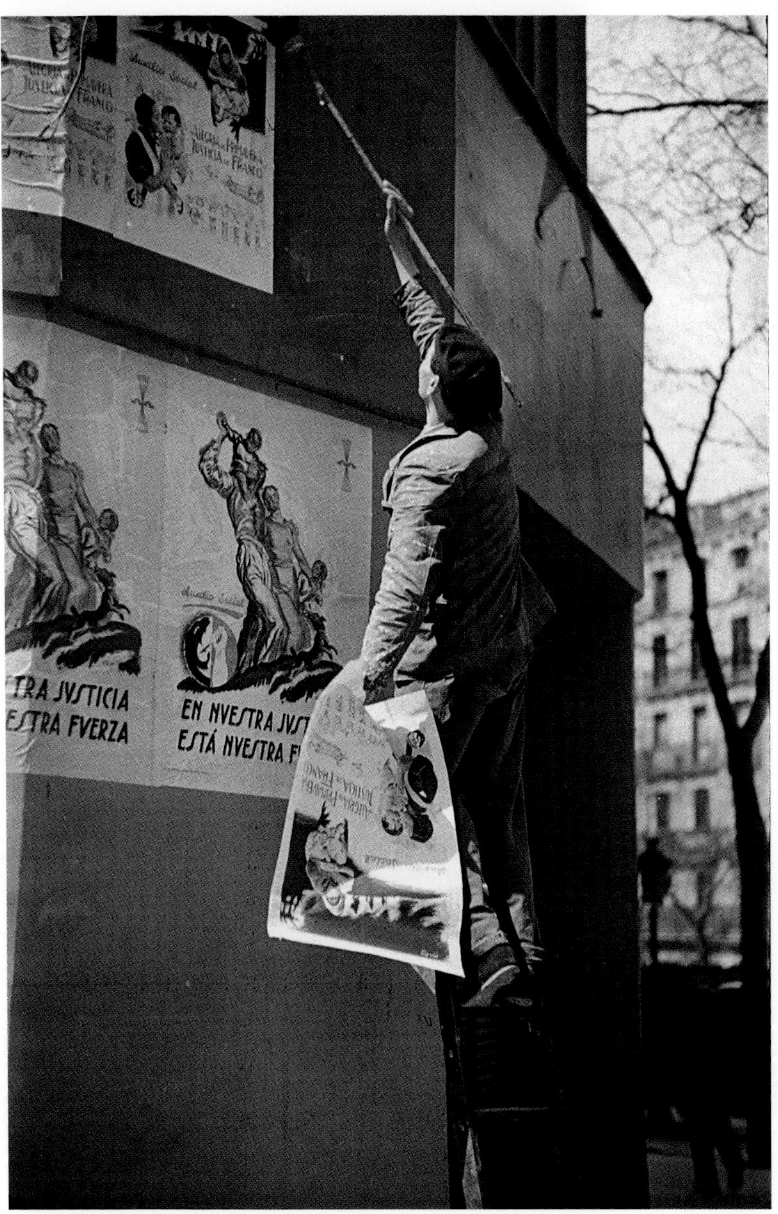


56. Carteles del bando nacional. A.G.A.

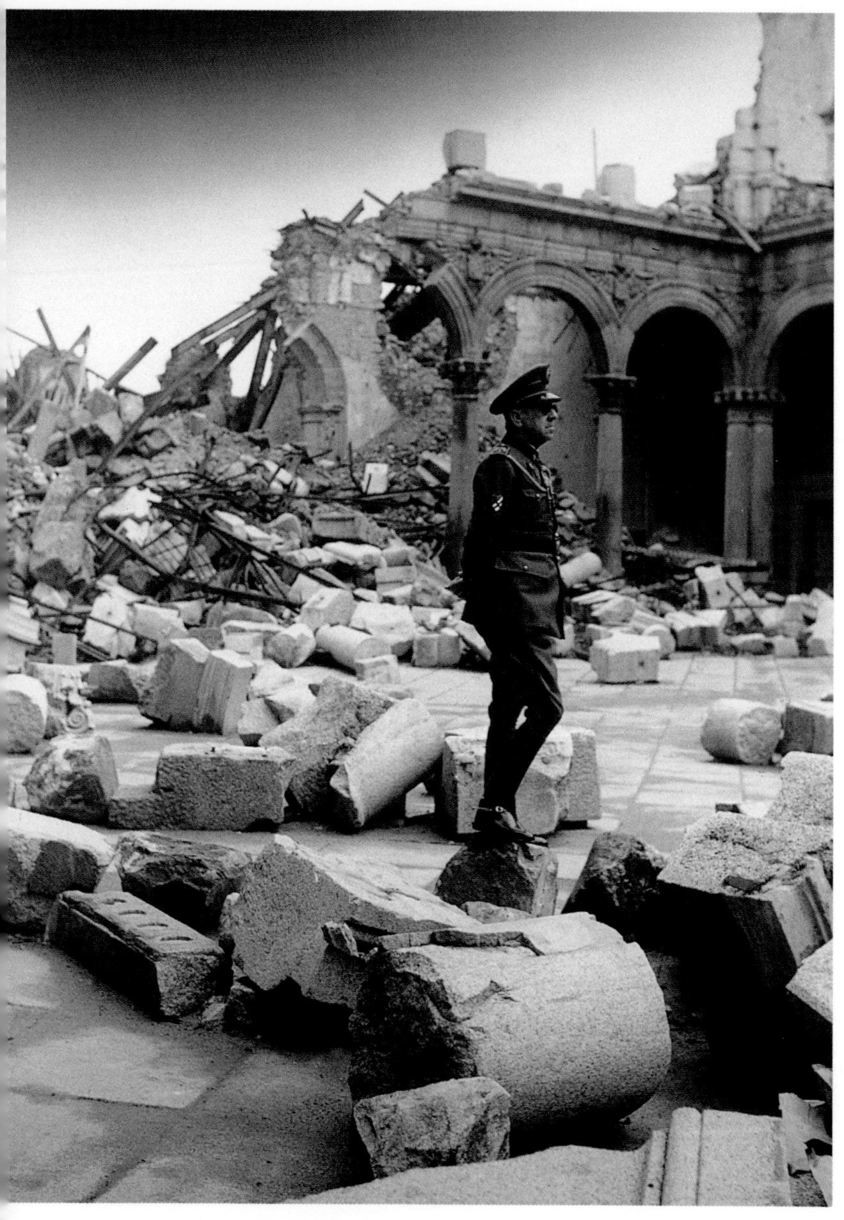

57. El general Moscardó en las ruinas del Alcázar de Toledo, 1940. A.G.A.

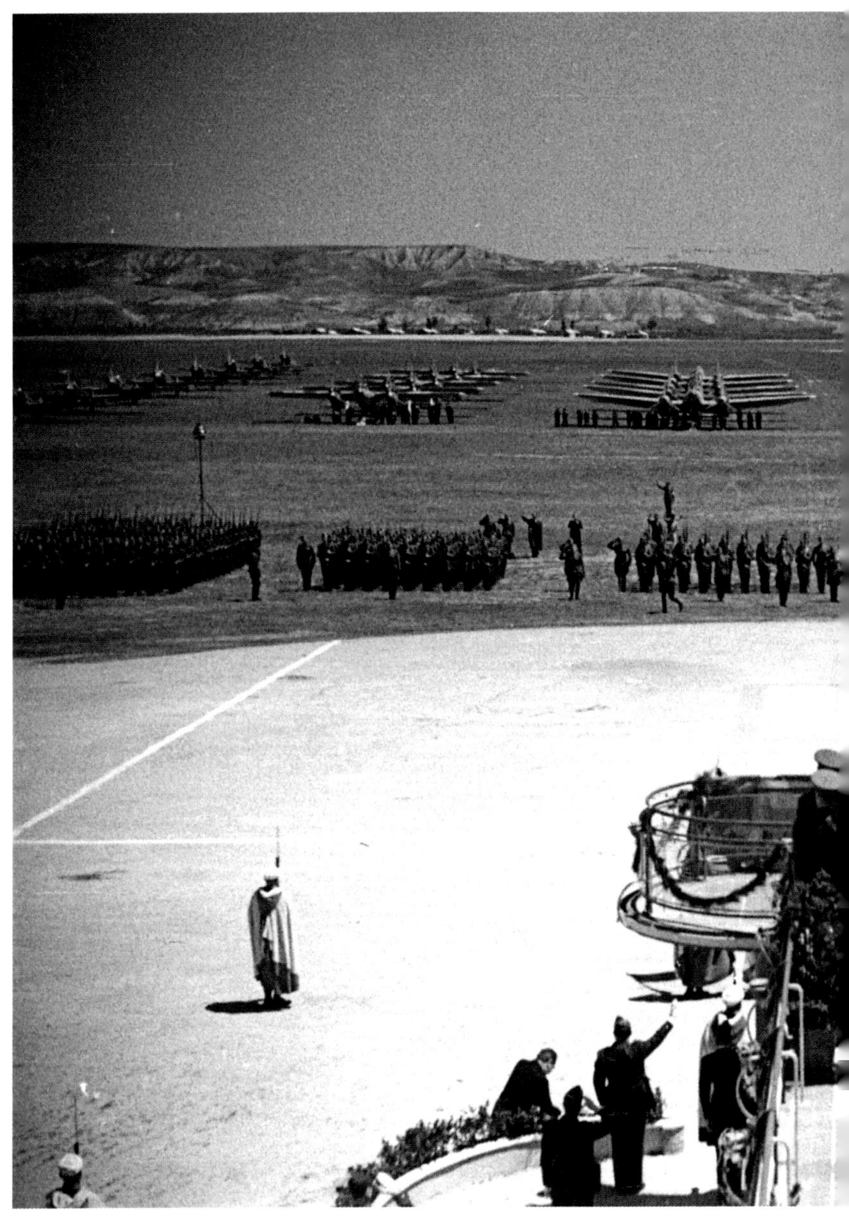

58. Parada militar en el aeropuerto de Barajas. A.G.A.

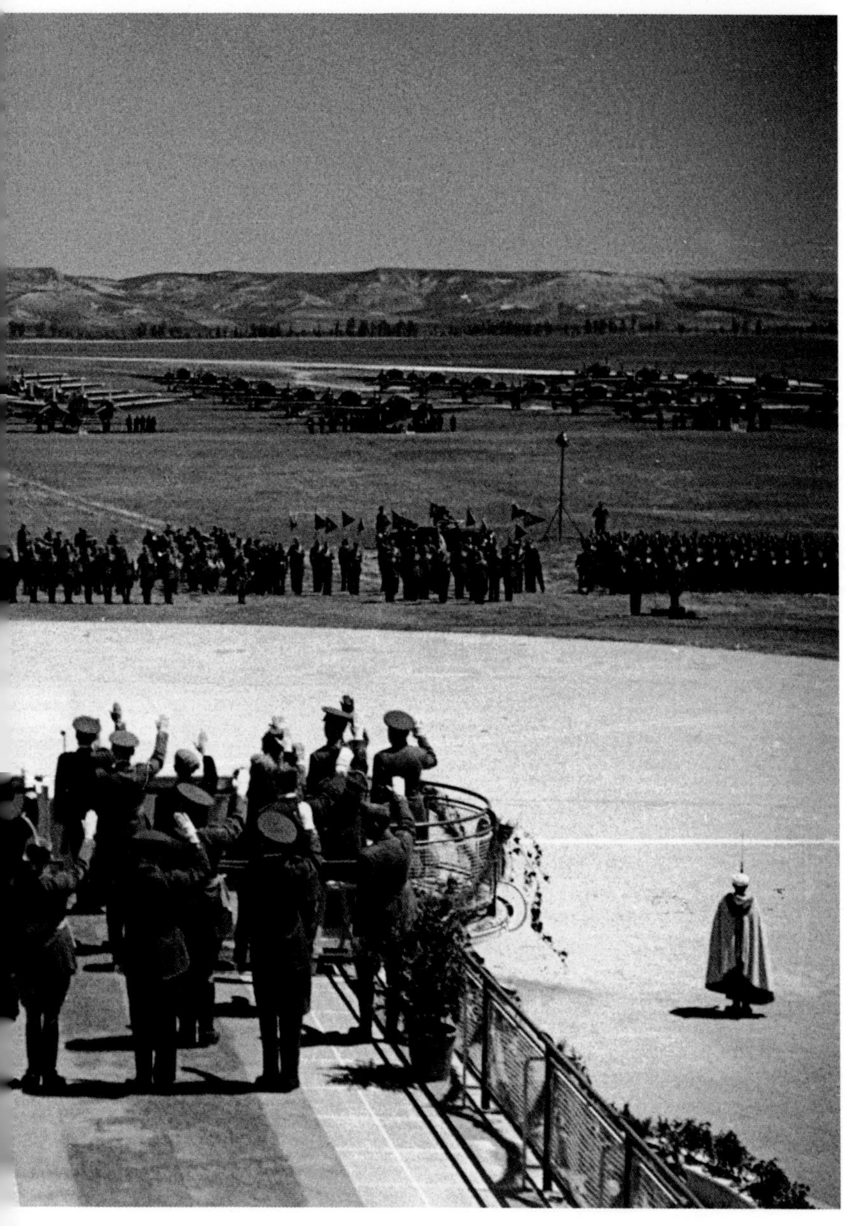

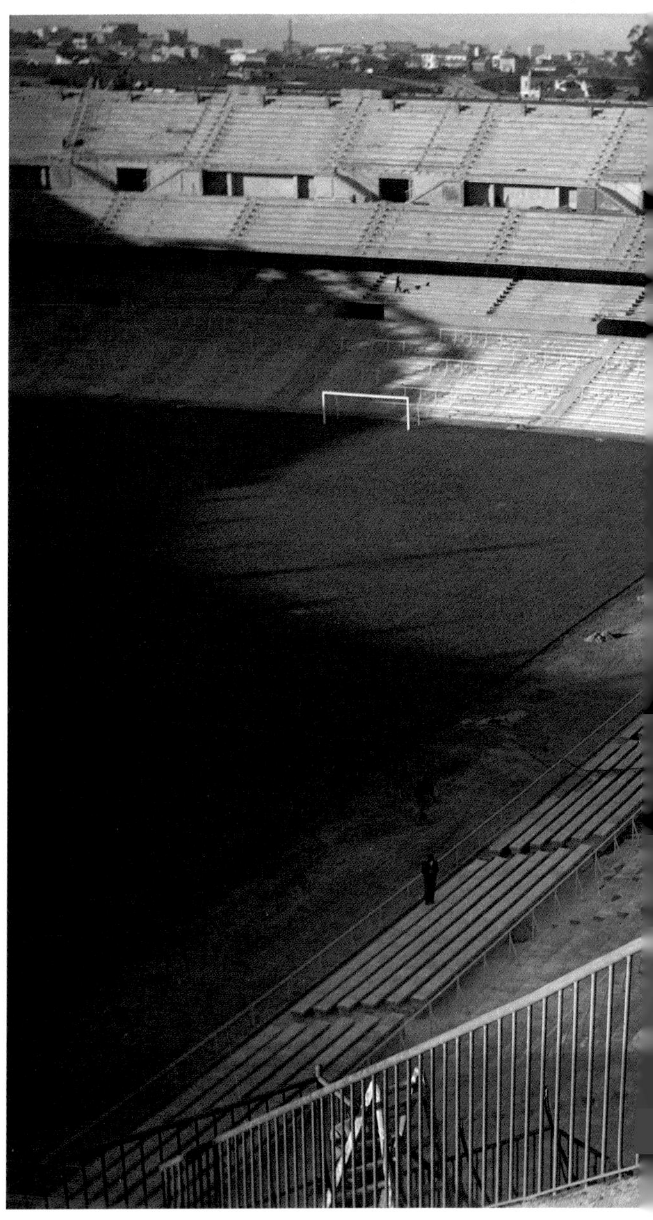

59. Santiago Bernabéu en Chamartín, 1947. A.G.A.

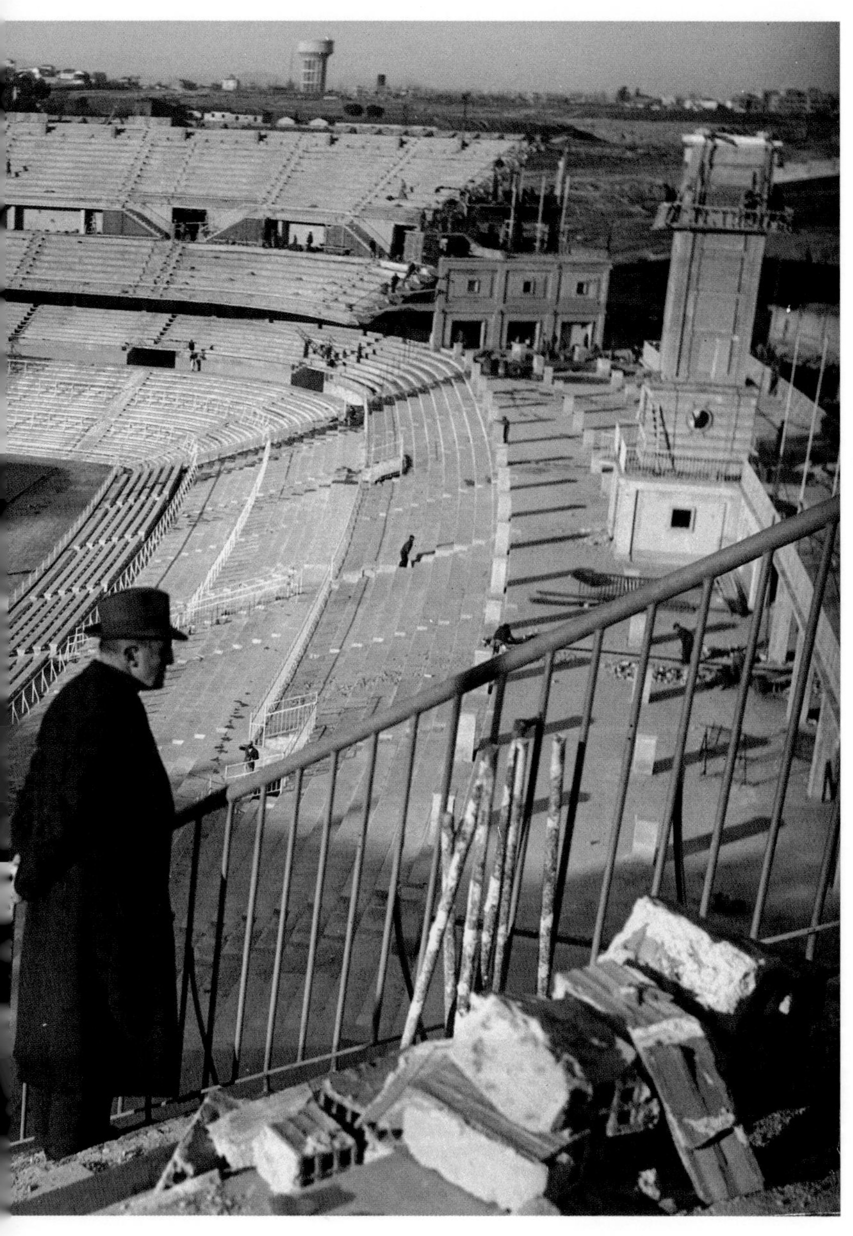

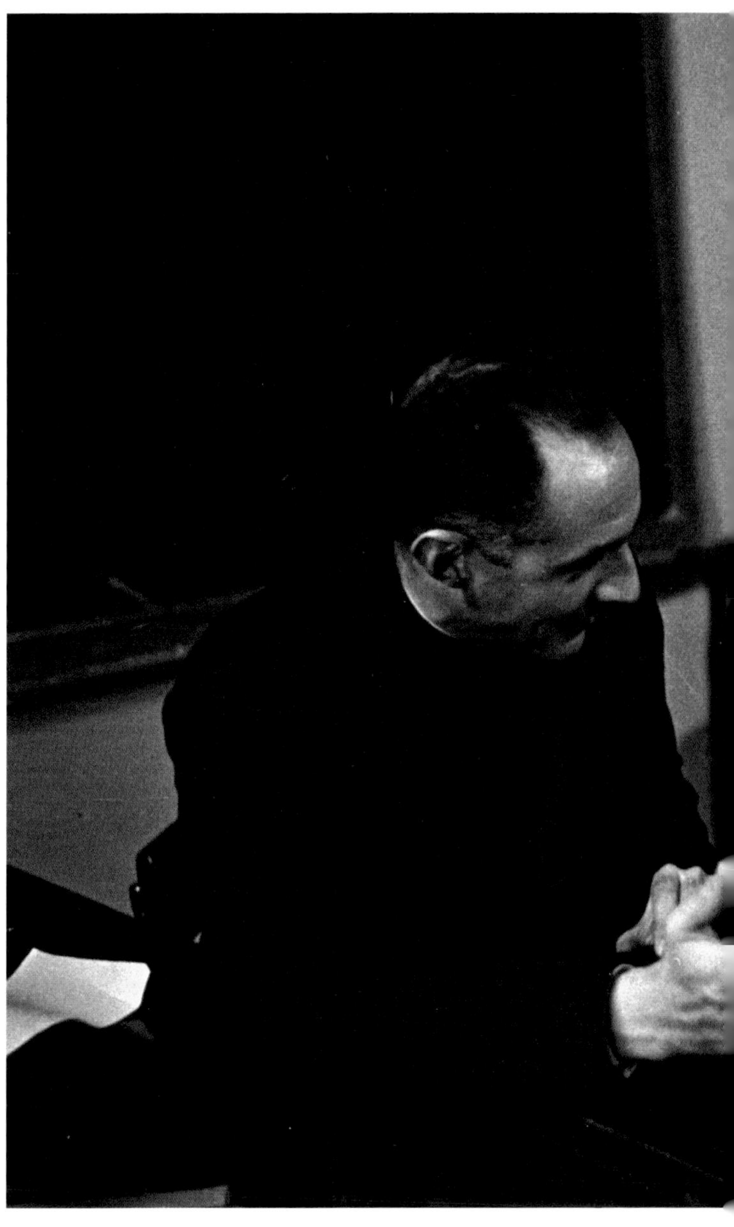

60. Juan Carlos de Borbón y su preceptor en Portugal. A.G.A.

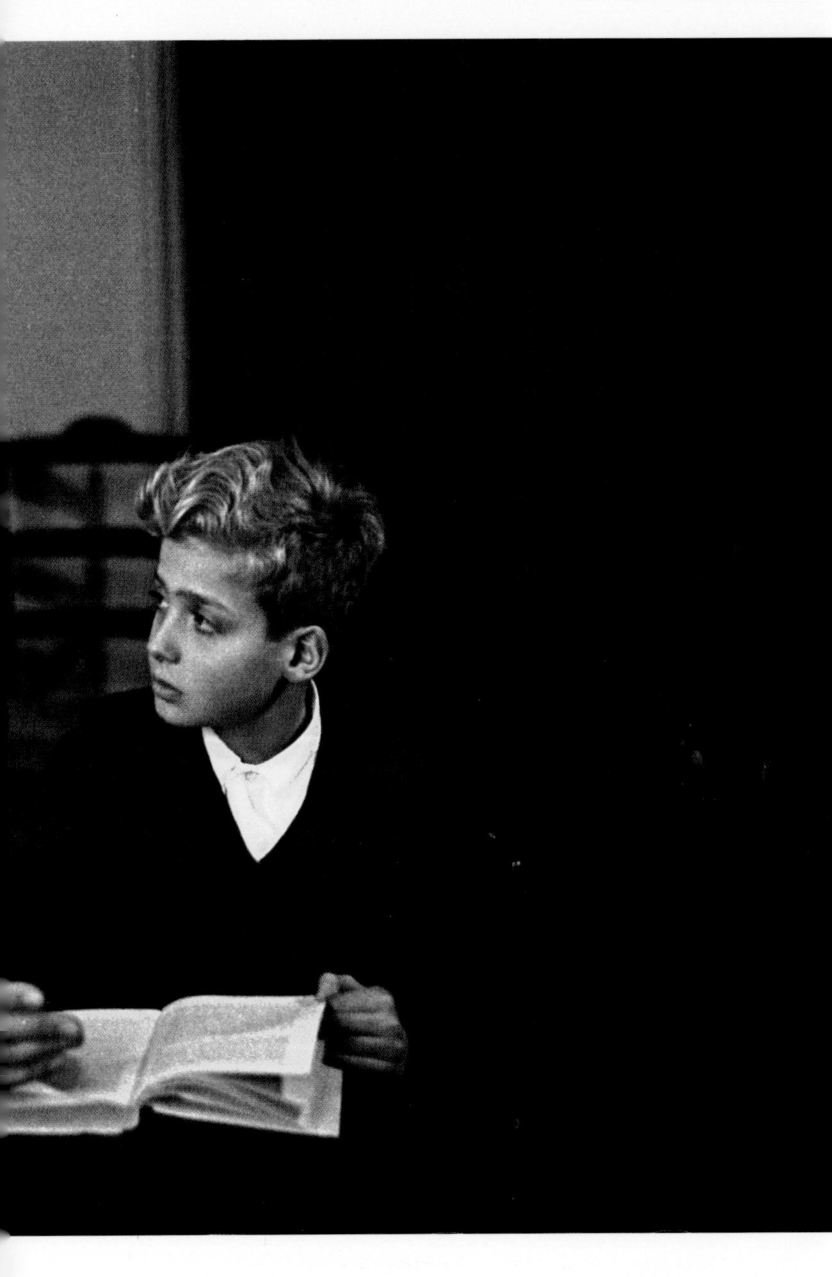

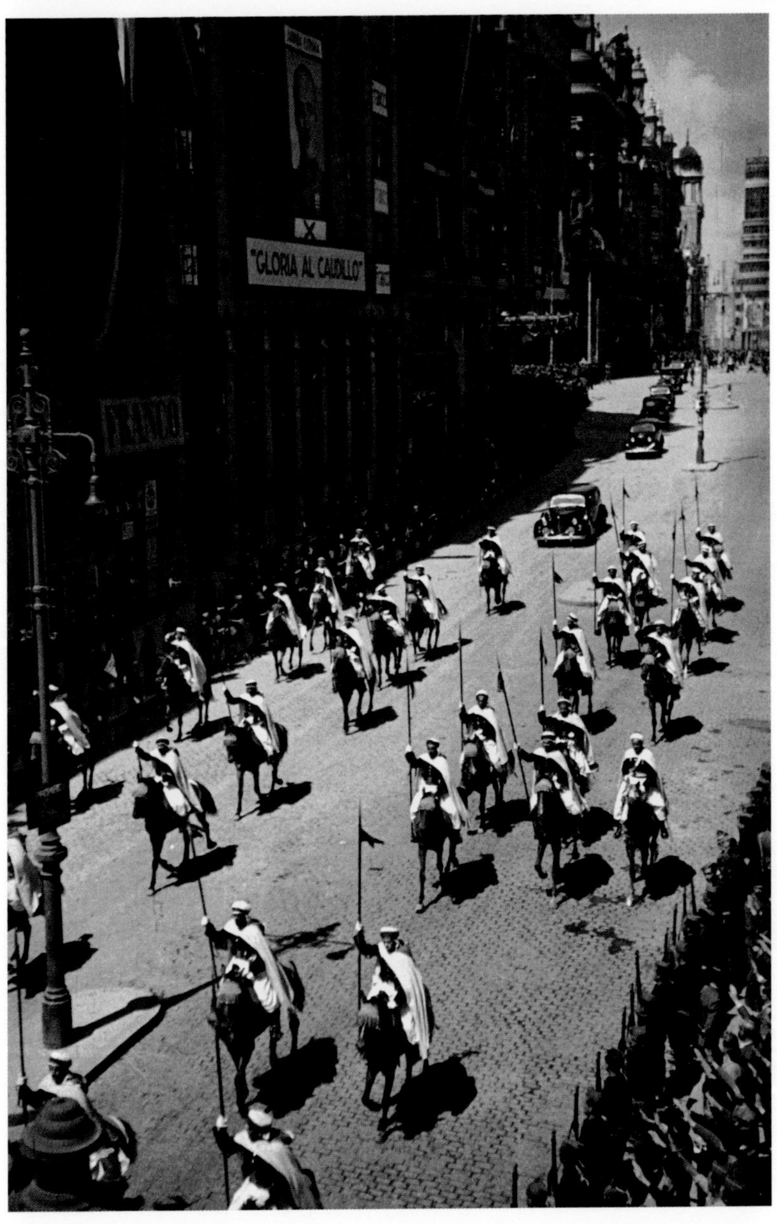


61. Desfile de Franco en la Gran Vía. A.G.A.

# Cronología

**Biografía**

1880    Alfonso Sánchez García nace en Ciudad Real.

1895    Ya en Madrid, ingresa como auxiliar en el estudio del fotógrafo Amador, con el que da sus primeros pasos como aprendiz. Recibe el premio extraordinario de la Escuela de Artes y Oficios.

1897    Comienza en el estudio de Manuel Compañy. Con él se formó profesionalmente y se inició en la fotografía de reportaje.

1900    Realiza sus primeros trabajos para el diario *El Imparcial*.

1901    Se casa con María Portela.

1902    Nace su primer hijo, Alfonso, que será su principal sucesor en el oficio y continuador de la firma de su padre, y al que se conocerá como «Alfonsito». Alfonso Sánchez García realiza su conocida *Alegoría de la Fotografía*.

1904    Es nombrado director de la sección fotográfica del diario *El Gráfico*. A partir de este año firmará sus fotografías como *Alfonso*. Su fotografía *Mi mujer* es galardonada en Nueva York.

1905    Empieza a comercializar sus famosas postales y fotografías «artísticas».

1909    Se va a Marruecos a cubrir la guerra. Consigue un premio en Londres por su fotografía *¡Dios mío, ampáralos!* Nace su hijo Luis Sánchez Portela.

1910    Abre su estudio de la calle Fuencarral. Recibe la Gran Cruz al Mérito Militar por su reportaje de la guerra de Marruecos.

1917    Alfonso es condecorado con la Gran Cruz de Alfonso XII. Realiza el reportaje de la huelga general.

1918    Inaugura su estudio de la calle de Toledo. Alfonsito empieza a trabajar en el estudio de su padre.

1919    Alfonso participa en la creación del diario *La Libertad*.

1921-25    Primer reportaje de Alfonsito en la guerra de Marruecos. Durante los siguientes años irá cubriendo varios escenarios bélicos, como el cuartel general de Abd-el-Krim o las actividades en Alhucemas.

1925    Luis entra a trabajar en el estudio de la calle de Toledo.

1929    Alfonso firma un contrato con *ABC*.

1931    Realiza reportajes sobre la proclamación de la República.

1933    Alfonso es elegido primer presidente de la Unión de Informadores Gráficos de Prensa (UIGP).

1935   Cierra el estudio de la calle de Toledo y abre el de
       Santa Engracia. Alfonsito es condecorado como
       Caballero de la Orden de la República.

1936   Con el inicio de la guerra civil son confiscados los
       estudios de la Gran Vía y de Santa Engracia.

1937   Alfonso realiza reportajes en Extremadura, Toledo,
       Andalucía, Madrid y Teruel.

1939   Reportaje sobre la alocución de Julián Besteiro
       anunciando el fin de la resistencia de Madrid. Desde
       este año hasta 1944, padre e hijo retratarán la vida en
       las cárceles de Madrid.

1940-52 La Dirección General de Prensa deniega a Alfonso y a su
        hijo la inscripción en el Registro Oficial de Periodistas.

1949   Alfonso retrata al general Franco en El Pardo. Su
       fotografía será la portada del *ABC* del 1 de octubre
       de 1949.

1953   El 13 de febrero muere Alfonso víctima de un cáncer de
       pulmón.

1971   Alfonsito pronuncia la conferencia «Latidos de una
       cámara» en la Asociación de Escritores y Artistas.

1984   Alfonsito es galardonado con la Medalla de Oro de la
       Villa de Madrid.

1989   Alfonso Sánchez Portela (Alfonsito) entra en la
       Academia de Bellas Artes.

1990   Muere en Madrid Alfonso Sánchez Portela.

1992   El Ministerio de Cultura adquiere el archivo de Alfonso.

1999   Muere Luis Sánchez Portela.


## Libros y exposiciones

1933   Alfonso organiza una exposición de sus retratos sobre
       políticos de la República.

1947   Alfonso expone sus Estampas nuevas del viejo Madrid
       en el estudio de Gran Vía. También se edita un álbum
       de las estampas con texto de Diego San José.

1949   Alfonsito expone sus *Caricaturas fotográficas*.

1950   Alfonso expone *La noche en los rincones del viejo
       Madrid*, que aparece reseñada en el NO-DO.

1958   Alfonsito presenta su exposición *Retratos y paisajes*.

1980   Una muestra sobre la guerra civil incluye fotografías de
       Alfonso.

1981　Se celebra la exposición *Madrid ayer y hoy*, con
fotografías de Alfonso y César Lucas. Sus fotos se
incluyen en el libro de Lee Fontanella *Historia de la
fotografía en España*, editado por El Viso.

1985　Exposición *Memoria de Madrid. Fotografías de Alfonso*,
celebrada en el Palacio de Exposiciones. El catálogo de
la muestra fue editado por El Viso y el Ministerio de
Cultura. La exposición itinera por España y Europa en
1986. El libro se reedita tres veces.

1986　Publicación del libro *Cien años de Villa y Corte a los
ojos de un fotógrafo* en el Instituto de Estudios
Madrileños.

1988　Edelvives publica *Alfonso. Fotografías de la Historia*.

1989　Lunwerg incluye a *Alfonso* en *Las fuentes de la
Memoria*. El Queen's College de Nueva York organiza
una exposición antológica de los *Alfonso*. Gerardo Kurtz
e Isabel Ortega dirigen la edición del libro *150 años de
fotografía en la Biblioteca Nacional*, con fotografías
de *Alfonso*.

1990　La sala de exposiciones del cuartel de Conde Duque
acoge la exposición antológica *Alfonso, académico
de Bellas Artes*.

1997　Alfonso es incluido en el libro *Historia de la fotografía
en España*, de Lunwerg.

1999　El libro y la exposición *150 años de fotografía en
España* incluye la obra de *Alfonso*.

2001　Espasa-Calpe edita el libro de J.M. Sánchez Vigil
*Alfonso. Imágenes de un siglo*.

2004　Publio López Mondéjar comisaría y edita para Lunwerg
el libro catálogo *Alfonso. Cincuenta años de historia
de España*. La exposición se celebró en el Círculo de
Bellas Artes de Madrid.

## Lorenzo Silva

Novelista, articulista, ensayista y abogado nacido en Madrid en 1966. Estudió Derecho en la Universidad Complutense y trabajó como auditor de cuentas y asesor fiscal antes de dedicarse plenamente a la literatura en 2002. Destacan en su obra las novelas *Noviembre sin violetas* (1995), *La flaqueza del bolchevique* (Finalista del Premio Nadal, 1997), *El alquimista impaciente* (Premio Nadal, 2000), *Carta blanca* (Premio Primavera, 2004) y *La reina sin espejo* (2005). Su obra ha sido traducida al ruso, francés, alemán, italiano, griego, catalán y portugués.

This novelist, article writer, essayist and lawyer was born in Madrid in 1966. He studied law at the Universidad Complutense, working as an auditor and tax consultant before devoting himself fully to literature in 2002. Outstanding among his works are the novels *Noviembre sin violetas* (1995), *La flaqueza del bolchevique* (a Nadal Prize finalist, 1997), *El alquimista impaciente* (Nadal Prize, 2000), *Carta blanca* (Primavera Prize, 2004) and *La reina sin espejo* (2005). His work has been translated into Russian, French, German, Italian, Greek, Catalan and Portuguese.

# Alfonso
## The Silent Chronicler

Lorenzo Silva

For a variety of family and sentimental reasons, from an early age, this writer has been particularly interested in one of the bitterest episodes of our terrible twentieth century: the catastrophe suffered by the Spanish army near Melilla during the summer of 1921, a defeat of apocalyptical proportions that history remembers as the Disaster of Annual. In just a few days, this event claimed the lives of approximately 9,000 compatriots. I devoured every book I could get about this defeat, and all my reading and imagining inspired my desire to actually view the scene. One day, I finally found some photographs. They showed the Dantesque spectacle of Monte Arruit encampment scattered with corpses rotting in the sun. These were the first of Alfonso's images I can remember seeing, although at the time I had no idea that they were his work. In them, I was able to appreciate what I would discover time and again with the passing of the years: that someone with exceptional sensitivity, lucidity and perspicacity had been there as witness. With his gaze, which offered a silent chronicle of the events, he had recorded the harsh essence of history and the soul of its leading characters. He told the whole story without pronouncing a word, because narration is not just an evocation or a pastime, it should also project what is being narrated into the present and even into the future in the minds of the audience. From then on, I have continued to listen with pleasing frequency to Alfonso's eloquent silence.

And so I discovered that Alfonso had not only been in Morocco on that unhappy occasion in 1921, but had also been there previously during another of the debacles so characteristic of the history of Iberia and its peoples: the events at the Barranco del Lobo in 1909. Furthermore, he had recorded the revolutionary general strike of 1917, the advent of the Republic, the military uprising of 1936, the surrender of Madrid in 1939 and even Franco's arrogance at the height of his power. His camera had also immortalised the figures of kings, queens, empresses, governing and opposition politicians, artists, literati, prisoners, executioners and the entire wide array of plain citizens. That man, who seemed to be everywhere, was the great architect of our visual memory of that lamentably "interesting" era, the first half of the twentieth century in Spain. An enormous, immense part of what those of us who had yet to be born were eventually to see of those years passed before the glass plates or celluloid of his negatives.

It seems wise to me to write these lines in the light of my personal debt to the author (shared with many compatriots, whether they know it or not), rather than commit the indiscretion of entering the terrain of photography scholars, where I am a layman. This area, furthermore, has already been explored by recognised authorities to whom I direct any interested readers looking for technical information. An obligatory reference here is the work of Publio López Mondéjar (*Alfonso*, Lunwerg Editores, Madrid, 2002).

The author of a prologue should provide a minimum of advance information about the material to be dealt with. And it is with only this goal in mind that, despite not being an authority, I would inform anyone who may not know it that we actually use the name Alfonso to designate the photographic work of several people. Our primary reference, of course, is to the founder of the studio bearing his name, Alfonso Sánchez García, who was born in Ciudad Real in 1880. He trained as an apprentice and assistant in several photographic studios in Madrid between the final years of the nineteenth century and the beginning of the twentieth, and gained experience as a reporter in the newspapers and graphic weeklies that flourished in the Restoration's dying years. He both founded and set the style of his studio, although in all fairness it must be pointed out that he could not have produced the gigantic archive he has left us without the aid of more than a few collaborators. These included his sons, particularly Alfonso Sánchez Portela (or *Alfonsito*), who was directly responsible for such outstanding chronicles as that of a visit to the leader of the Rif, Abd el-Krim, and the Spanish soldiers he held prisoner in the internment camps of Axdir after the 1921 disaster. Nor should we forget his assistants (in its most prosperous years, Alfonso's studio employed no less than twenty people). Outstanding among them was Domingo González del Río, the true factotum and right-hand man behind the scenes of some of Alfonso's most famous works. González often found a way to open otherwise closed doors; for example when the photographers wanted to enter a prison, or gain access to some other restricted space where the news of the moment was unfolding.

In any event, whether acting individually or with his team, Alfonso was distinguished by his ubiquitous ness and versatility. He was not only an inescapable presence, but he and his collaborators mastered many different types of photography and achieved excellence in every one. His work included experiments in photographic trends that were later to go out of fashion (from collages and allegories to pictorialism), in addition, of course, to the three classical formats: portraits, landscapes and reportage.

As a portrait photographer, Alfonso has left us the most complete and impressive gallery of figures forming part of Spain's recent history. It can truly be said that no one is missing, and that our physiognomic memory of many of these people draws almost exclusively on Alfonso's work. His photographs have even been the model for official statues of celebrities (as in the case of Valle-Inclán), and in cases where he was not the only photographer present, he inevitably turned out to be the best. Witness his portraits of Machado, of Ramón y Cajal during an anatomy lesson, of Queen Victoria Eugenia next to the old empress Eugenia de Montijo, or of Franco in the lavish photo essay published by *ABC* in 1949 to celebrate the tenth anniversary of his absolute "reign".

As a landscape photographer, Alfonso made a vital contribution to the graphic memory of the city where he worked throughout his life: Madrid. Thanks to his photographs, we can see a dull, shabby city change into a proud, heroic capital only to be conquered anew; transformations that all occurred during the first decades of the twentieth century. Thanks to him, we have an extensive detailed record of the city's suburban expansion and other developments, and an account of life on its streets, both past and present, as they went about acquiring their new identity.

Finally, as a reporter, Alfonso stood out for having a true nose for the news: not only for discovering what was going on, but also for synthesising it in momentous, profound and lasting images. There are too many examples to list in detail. I would just mention his images of the Moroccan disasters, which show all the savagery of war and the helplessness of those who fought and fell therein (an example is the photograph of a tall, slim officer indolently gazing at the broken bodies of dead soldiers while, in the background, twilight falls on the conquered walls of Monte Arruit). Years later, there is that unrivalled photograph of a stricken Julián Besteiro announcing Madrid's surrender by radio under the precarious light of a desk lamp. And there are many others in between: strikers running from the police in 1917; the council of plump-figured ministers presided by Alfonso XIII (a short while before the platform that had kept him on the throne in spite of his scant political instinct finally caved in); the euphoria of the people of Madrid on 14 April 1931 (and the very different Council of Ministers of the provisional Republican government); the meetings and sessions of parliament, the fall of the Cuartel de la Montaña, etc. But if his ability to capture and turn each and every one of these numerous instants and episodes into perfect visual metaphors is surprising, his skill at offering us images that independently summarise the entire soul of the time and country in which he lived is no less so. His shots of anonymous figures are perhaps the most impressive in this respect. Take, for example, the woman selling turkeys on the streets of Madrid or the civil guard posted on a solitary corner kneeling with his rifle ready. These are images that immediately summarise what we were and what we continue to be on the inside, all the more persistently and irremediably the more we forget. All photographers, and particularly those like Alfonso who mainly played with the shades of black and white that dominated the first (and perhaps the golden) age of photography, are artists of light and shadows. In the images contained in this book, the reader will be able to appreciate the exploration and discovery of this optimum, exciting or disturbing contrast. It can be enjoyed simply with the eyes and the most elementary vibrations of perception and spirit. Other readers with more background and training will wonder at the technical and artistic achievements of the various Alfonsos in their role as hunters and collectors of the luminous imprint. With a layman's limitations, I must confess my fascination with their elegance, their clarity, whenever possible, and their ambiguousness, on the rare occasions when required.

Above all, however, I want to state my admiration for this photographer for having known so well how to tell us what was happening before his eyes, and for allowing us to see the protagonists (famous or not) and the backdrop of events, (a minority of them happy, the majority deplorable). It is this quality that makes Alfonso a universal artist, one of the privileged few able to move everyone, without demanding a card proving membership of a particular social, political, intellectual or aesthetic club. That is what makes him a classic figure in a category that is ultimately only accessible to those who can speak directly to people with their art and make themselves understood even by those who have learned to interpret reality according to other codes, under circumstances different from those of the artist.

It should also be said that the man who achieved this was dealt a harsh punishment by his ungrateful country. In his first period under the Restoration, Alfonso Sr. was put on trial for photographing what some considered should not have been seen. Again, after the Civil War, he (and his children) were ostracised by the withdrawal of their official license to practice photojournalism, because they had remained on the side of the vanquished and worked to leave testimony of their defeat. In the New Spain, the information in the «order of the day» issued by the head of the barracks was all people had to know. Eventually, however, this punishment was relaxed, and just before his death, the patriarch was given access to the dictator's palace to make one of his last works. Even under these circumstances, he fulfilled his role as artist and chronicler, leaving images that said more than all the verbiage spouted by the newspapers of the time. After that, Alfonso's studio was reduced to photographing weddings and other lesser events. No matter. As these pages show, those who built the studio with their work had already earned their place in the collective memory and taken out their ticket to the future.

# PHoto**Bolsillo**

Director de la Biblioteca PHotoBolsillo / Series Editor:
Chema Conesa

Diseño original / Original Design:
Fernando Gutiérrez

Producción / Production:
Paloma Castellanos

Papel / Paper:
Portada impresa en Idéal Mate, 300 gr. de ArjoWiggins
Interior impreso en Absolut Mat, 160gr. de ArjoWiggins

Fotomecánica / Photomechanics:
Lucam

Impresión / Printer:
Brizzolis



Traducción de los textos / English Translation:
Herrán Coombs



ISBN:
84-96466-27-2

Depósito legal:
M-43849-2006

Impreso en España / Printed in Spain

Una coedición entre / A Coedition between:

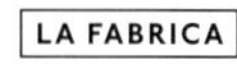
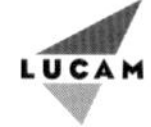
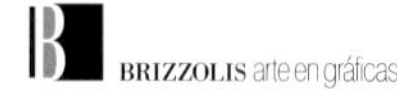
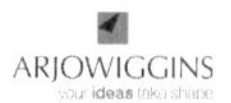

Títulos publicados / Already Published

01. Xavier Miserachs
02. Nicolás Muller
03. Humberto Rivas
04. Ricky Dávila
05. Koldo Chamorro
06. Francesc Català-Roca
07. Carlos Pérez Siquier
08. Luis Pérez-Mínguez
09. Gabriel Cualladó
10. Javier Vallhonrat
11. Miguel Trillo
12. Pilar Pequeño
13. César Lucas
14. Fernando Gordillo
15. Agustí Centelles
16. Luis Baylón
17. Isabel Muñoz
18. José María Díaz-Maroto
19. Cristóbal Hara
20. Antonio Tabernero
21. Alberto García-Álix
22. Pablo Genovés
23. Clemente Bernad
24. Carlos Serrano
25. Ramón Masats
26. Oscar Molina
27. Cristina García Rodero
28. Pablo Pérez-Mínguez
29. Joan Fontcuberta
30. Navia
31. Ricard Terré
32. Fernando Herráez

33. Oriol Maspons
34. Jose Ignacio Lobo Altuna
35. Xurxo Lobato
36. Genín Andrada
37. Valentín Vallhonrat
38. Vari Caramés
39. Juan Manuel Díaz Burgos
40. Ferran Freixa
41. José Antonio Carrera
42. Manuel Vilariño
43. Kim Manresa
44. Rafael Navarro
45. Toni Catany
46. Luis Escobar
47. Marta Sentís
48. Chema Madoz
49. Ciuco Gutiérrez
50. Alberto Schommer
51. Ouka Leele
52. Manel Esclusa
53. Laura Torrado
54. Ángel Marcos
55. Ortiz Echagüe
56. Francisco Ontañón
57. Carlos Saura
58. Alfonso

Próximos volúmenes / To Be Published
59. CastroPrieto

...dres despidiendose a su
...ados del Rº Asturias q
...ido del para Venice